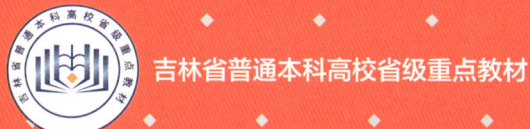

吉林省普通本科高校省级重点教材

PLAN COMPOSITION

总主编　林家阳

平面构成
（第二版）

徐　欣　秦旭剑　李孟宣　编著

中国轻工业出版社

图书在版编目（CIP）数据

平面构成/徐欣，秦旭剑，李孟宣编著. —2版. —北京：中国轻工业出版社，2025.9
ISBN 978-7-5184-3952-2

Ⅰ.①平… Ⅱ.①徐… ②秦… ③李… Ⅲ.①平面构成（艺术） Ⅳ.①J061

中国版本图书馆CIP数据核字（2022）第058153号

责任编辑：徐 琪　　责任终审：劳国强　　整体设计：锋尚设计
策划编辑：毛旭林　　责任校对：吴大朋　　责任监印：张 可

出版发行：中国轻工业出版社（北京鲁谷东街5号，邮编：100040）
印　　刷：艺堂印刷（天津）有限公司
经　　销：各地新华书店
版　　次：2025年9月第2版第3次印刷
开　　本：870×1140　1/16　印张：9.5
字　　数：200千字
书　　号：ISBN 978-7-5184-3952-2　定价：58.00元
邮购电话：010-85119873
发行电话：010-85119832　010-85119912
网　　址：http://www.chlip.com.cn
Email：club@chlip.com.cn
版权所有　侵权必究
如发现图书残缺请与我社邮购联系调换
251583J1C203ZBW

序一
PROLOG 1

中国的艺术设计教育起步于20世纪50年代，改革开放以后，特别是90年代进入一个高速发展的阶段。由于学科历史短，基础弱，艺术设计的教学方法与课程体系受苏联美术教育模式与欧美国家20世纪初形成的课程模式影响，呈现专业划分过细，实践教学比重过低的状态，在培养学生的综合能力、实践能力、创新能力等方面出现较多问题。

随着经济和文化的大发展，社会对于艺术设计专业人才的需求量越来越大，市场对艺术设计人才教育质量的要求也越来越高。为了应对这种变化，教育部将"艺术设计"由原来的二级学科调整为"设计学"一级学科，既体现了对设计教育的重视，也是进一步促进设计教育紧密服务于国民经济发展的必要。因此，教育部高等学校设计学类专业教学指导委员会也在这方面做了很多工作，其中重要的一项就是支持教材建设工作。

2021年是"十四五"的开局之年，在教育部全面推动普通本科院校向应用型本科院校转型工作的大背景下，由设计学类专业教指委副主任林家阳教授任总主编的这套教材，在强调应用型教育教学模式、开展实践和创新教学，整合专业教学资源、创新人才培养模式等方面做了大量的研究和探索；一改传统的"重学轻术""重理论轻应用"的教材编写模式，以"学术兼顾""理论为基础、应用为根本"为编写原则，从高等教育适应和服务经济新常态，助力创新创业、产业转型和国家一系列重大经济战略实施的角度和高度来拟定选题、创新体例、审定内容，可以说是近年来高等院校艺术设计专业教材建设的力度之作。

设计是一门实用艺术，检验设计教育的标准是培养出来的艺术设计专业人才是否既具备深厚的艺术造诣、实践能力，同时又有优秀的艺术创造力和想象力，这也正是本套教材出版的目的。我相信在应用型本科院校的转型过程中，本套教材能对学生奠定学科基础知识、确立专业发展方向、树立专业价值观念、提升专业实践能力产生有益的引导和切实的借鉴，帮助他们在以后的专业道路上走得更长远，为中国未来的设计教育和设计专业的发展提供新的助力。

教育部高等学校设计学类专业教学指导委员会原主任
中国艺术研究院 教授/博导 谭平

序二
PROLOG 2

办学,能否培养出有用的设计人才,能否为社会输送优秀的设计人才,取决于三个方面的因素:首先是要有先进、开放、创新的办学理念和办学思想;其二是要有一批具有崇高志向、远大理想和坚实的知识基础,并兼具毅力和决心的学子;最重要的是我们要有一大批实践经验丰富、专业阅历深厚、理论和实践并举、富有责任心的教师,只有老师有用,才能培养有用的学生。

除了以上三个因素之外,还有一点也非常关键,不可忽略的,我们还要有连接师生、连接教学的纽带——兼具知识性和实践性的课程教材。课程是学生获取知识能力的宝库,而教材既是课程教学的"魔杖",也是理论和实践教学的"词典"。"魔杖"通过得当的方法传授知识,让获得知识的学生产生无穷的智慧,使学生成为文化创意产业的有生力量。这就要求教材本身具有创新意识。本套从设计理论、设计基础、视觉设计、产品设计、环境艺术、工艺美术、数字媒体和动画设计等八个方面设置的系列教材,在遵循各自专业教学规律的基础上做了不同程度的探索和创新。我们也希望在有限的纸质媒体基础上做好知识的扩充和延伸,通过本套教材中的案例欣赏、参考书目和网站资料等,起到一部专业设计"词典"的作用。

我们约请了国内外大师级的学者顾问团队、国内具有影响力的学术专家团队和国内具有代表性的各类院校领导和骨干教师组成的编委团队。他们中有很多人已经为本系列教材的诞生提出了很多具有建设性的意见,并给予了很多有益的指导。我相信以我们所具有的国际化教育视野以及我们对中国设计教育的责任感,能让我们充分运用这一套一流的教材,为培养中国未来的设计师奠定良好的基础。

教育部高等学校设计学类专业教学指导委员会副主任
教育部职业院校艺术设计类专业教学指导委员会原主任
同济大学教授 / 博导 林家阳

前言
FOREWORD

20世纪80年代初，平面构成作为基础课被引入设计教学领域，它所阐述的知识是设计学科中具有共性的视觉语义。平面构成是视觉元素在二次元的平面上按照美的视觉效果，进行排列和组合的新形象，它是研究形象与形象之间分组与重构的方法。它诠释了一个全新的造型观念，为艺术设计教学注入了新鲜的血液，现今已成为艺术院校必修的一门设计基础课。计算机图形处理技术的发展与应用极大地拓宽了设计作品的种类与形式，颠覆了传统的表现形式和制作手段。在这种情况下，用于设计专业基础课教学的平面构成教材是需要与时俱进、改革创新的，本书就是在这样的背景下来撰写与不断改版的，其内容的创新点在于将传统的教学训练与新媒体应用的教学思路结合起来，因此，书中含有大量数字媒体教学案例和课堂训练实务范例。

教材的编写坚持正确的政治方向和价值导向，弘扬正能量和新时代的艺术特色。在增强教材适用性、科学性、先进性的同时，我们特别注重将二十大精神融入课程内容，使教材内容编排更合理，课程结构设计更严谨，逻辑梯度简洁明晰，文字表述规范流畅，图文并茂、生动活泼、形式新颖。此外，我们通过"不忘初心""冬奥在北京，体验在吉林""保护生态环境"等紧扣时代脉搏的主题文创海报设计范例，将课程思政与二十大精神有机结合，让学生在学习中深刻感受时代脉搏，树立正确的世界观、人生观和价值观。

教材的编写注重内容循序性，由基础理论到课堂练习，由知识点到设计案例，由简单练习到综合训练，由静态练习到动态练习，由手绘制作到数字制作，形成一套行之有效的方法链。全书共分为三章，第一章系统介绍了平面构成的规律性原理，阐述了平面构成的概念、法则与表现形式。第二章是构成形态与训练，系统地讲解了平面构成常见的表现形式，如平面形态构成、空间形态构成、数字形态构成与作品设计等内容，案例设计精彩、趣味盎然、信息量丰富，突破了传统的训练模式。第三章为国内外大师和院校师生的优秀平面设计作品赏析，书中对每件作品都进行了构成语意的分析与注解。

作为辅助教学和指导实践的创新型立体化教材，本书内容易学易懂、专业特点突出，是一本比较完整、系统的教材。愿此教材能开启设计者的创作智慧之门。

编著者

课时安排

建议课时80

章 节	课 程 内 容		课 时
第一章 概念与法则 （10课时）	第一节 平面构成的基本概念	一、平面构成的定义	1
		二、平面构成的艺术特征	
	第二节 平面构成的起源与发展	一、包豪斯的发展对现代设计的影响	1
		二、平面构成课程的确立与发展	
	第三节 平面构成的法则与表现形式	一、平面构成的形式美法则	8
		二、平面构成中的基本形	
		三、平面构成的元素点、线、面	
		四、平面构成的表现形式	
第二章 构成形态与训练 （62课时）	第一节 项目一 平面形态构成与作品设计	一、课程要求	28
		二、设计案例	
		三、知识点	
		四、课堂训练	
		五、图库、相关参考资料和信息	
	第二节 项目二 空间形态构成与作品设计	一、课程要求	14
		二、设计案例	
		三、知识点	
		四、课堂训练	
		五、图库、相关参考资料和信息	
	第三节 项目三 数字形态构成与作品设计	一、课程要求	20
		二、设计案例	
		三、知识点	
		四、课堂训练	
		五、图库、相关参考资料和信息	
第三章 欣赏与分析 （8课时）	第一节 国内外设计师经典作品		4
	第二节 师生优秀作品		4

目录
CONTENTS

第一章　概念与法则 ……011

第一节　平面构成的基本概念 …… 011
一、平面构成的定义 …… 011
二、平面构成的艺术特征 …… 012

第二节　平面构成的起源与发展 …… 013
一、包豪斯的发展对现代设计的影响 …… 013
二、平面构成课程的确立与发展 …… 014

第三节　平面构成的法则与表现形式 …… 015
一、平面构成的形式美法则 …… 015
 1. 形态构成中的和谐 …… 015
 2. 形态构成中的对比 …… 015
 3. 形态构成中的对称 …… 016
 4. 形态构成中的平衡 …… 016
 5. 形态构成中的比例 …… 016
 6. 形态构成中的节奏与韵律 …… 017
二、平面构成中的基本形 …… 018
 1. 视觉元素的分类 …… 018
 2. 形的分类 …… 018
 3. 形的正与负（图与底） …… 019
三、平面构成的元素点、线、面 …… 020
 1. 点的形象 …… 020
 2. 线的形象 …… 021
 3. 面的形象 …… 021
四、平面构成的表现形式 …… 023
 1. 重复 …… 023
 2. 近似 …… 027
 3. 渐变 …… 033
 4. 发射 …… 038
 5. 特异 …… 042
 6. 对比 …… 048
 7. 密集 …… 052
 8. 肌理 …… 056

第二章　构成形态与训练 ·· 060

第一节　项目一　平面形态构成与作品设计 ······································· 060
一、课程要求 ··· 060
二、设计案例 ··· 061
　1. 招贴设计中点、线、面的形态表现 ······································· 061
　2. 形态表现与内涵拓展 ·· 061
三、知识点 ·· 064
　1. 生活中的点、线、面 ··· 064
　2. 提炼与重构 ··· 068
　3. 基本形的复合 ·· 072
四、课堂训练 ··· 073
　1. 点线面的练习 ·· 073
　2. 形态构成练习 ·· 077
五、图库、相关参考资料和信息 ·· 085
　1. 素材图库 ·· 085
　2. 字库网站 ·· 085
　3. 摄影网站 ·· 085

第二节　项目二　空间形态构成与作品设计 ······································· 086
一、课程要求 ··· 086
二、设计案例 ··· 087
　1. 平面设计中的空间构成元素表现 ··· 087
　2. 平面构成元素在公共空间中的应用 ······································ 088
三、知识点 ·· 092
　1. 平面上形成空间感的方式（图2-141） ································· 092
　2. 矛盾空间的构成形式 ·· 093
四、课堂训练 ··· 094
　1. 发射与渐变组成空间感的练习 ·· 094
　2. 矛盾空间构成的练习 ·· 097
五、图库、相关参考资料和信息 ·· 104
　1. 国外设计协会 ·· 104
　2. 国内设计协会 ·· 104
　3. 广告创意网站 ·· 104

第三节　项目三　数字形态构成与作品设计 ······································· 105
一、课程要求 ··· 105
二、设计案例 ··· 106

1. 数字媒体中动态影像构成规律的表现·················· 106
　　2. 数字媒体中动画构成规律的表现 ···················· 110
　三、知识点 ·· 111
　　1. 数字媒体的概念 ·· 111
　　2. 数字化的处理手法 ·· 111
　　3. 多元的表现形式 ·· 111
　四、课堂训练 ·· 112
　　1. 数字图像构成练习 ·· 112
　　2. 连贯性思维的训练 ·· 113
　　3. 动态构成练习 ·· 115
　五、图库、相关参考资料和信息 ·· 117
　　1. 网站设计 ·· 117
　　2. 广告公司网站 ·· 117

第三章　欣赏与分析 ···119

第一节　国内外设计师经典作品 ·· 119
　　1. 设计大师经典作品欣赏 ·· 119
　　2. 现代平面设计作品赏析 ·· 130
第二节　师生优秀作品 ·· 136

后　　记 ···152

第一章

概念与法则

第一节　平面构成的基本概念

第二节　平面构成的起源与发展

第三节　平面构成的法则与表现形式

第一章　概念与法则

构成是将不同形态诸要素按照一定的组织原则重新分解组合成为一种新的形态，并使其显现新的艺术魅力。平面构成以研究视觉语言为核心，是二维形态设计的基础训练，是创造形态的一种表现方法。

第一节　平面构成的基本概念

一、平面构成的定义

平面构成是将所有的形态（包括自然形态和抽象形态——点、线、面）在二维的平面内按照一定的秩序和法则进行分解、组合，从而构成理想形态的组合形式。平面设计中有两种造型类别，即抽象形态与自然形态。这两种形态是可以相互结合的，用以加强对形象的理解和设计本身形象性的表现力，以此提升设计作品的视觉魅力，使之达到强烈的艺术效果。

平面构成的课程主要是研究平面形态学的基础部分，侧重练习抽象几何形在平面上的排列组合关系，并在排列组合中求取新造型，目的是训练设计思维与设计方法，为创作开拓新的设计思路。本课程的训练首先是将简单的形体构筑成复杂、多变的抽象结构，这不仅是学习方法，更重要的是培养一种创造观念。构成的过程基本上是由形象上升为概念，是感性到理性思维的一种飞跃，再以这种概念为基础去设计新的形态造型。

平面构成是设计基础训练的一种方法，它强调形态之间的比例、平衡、对比、和谐、对称、节奏、韵律等，并探求图形怎样对人的视觉形成引导作用，以达到情感共鸣、意识兴奋。

图1-1　异样空间 / 吉林艺术学院学生作业 / 2008

二、平面构成的艺术特征

构成是研究形态的各种变化规律,平面构成不是简单地再现具体的物体形象,而是以直觉为基础,强调客观现实的构成规律,把自然界中存在的复杂形态,用最简单的点、线、面进行分解、组合、变化,反映出客观现实所具有的规律。构成是一种高度强调理性、自觉、有意识的再创造过程。平面构成运用了数学逻辑、视觉反应和视觉效果重新设计,突出运动规律,表现出具有超越时间、空间的图形效果。

平面构成与传统几何图案的连续纹样有所区别。几何图案的连续纹样是在非常有规律的反复中求变化,给人的感觉是平面上产生的规整统一,而平面构成突破了几何图案中的平面时空,增强了画面的运动感和空间深度,在平面上产生了起伏、多角度、多层次的视觉效果,在构成中以数量的等级增长、位置的远近聚散、方向的正反转折等变化,在结构上整体或局部地运用重复、渐变、特异、发射、密集、对比等方法分解组合,构成有组织、有秩序的运动。平面构成通过视觉语言对人的心理状态和生理状态产生影响,比如安静、紧张、轻松、刺激、兴奋、喜悦、痛苦、茫然等状态。

图1-1运用平面构成的多种元素,如点线面、正负形、渐变、空间形态,将简单抽象的形体进行分解、组合、变化,构筑成复杂多变的结构,形成异样空间。

图1-2包含了平面构成多种元素的训练,如重复、渐变、对比、图形反转的分解与重组。

图1-2 平面构成练习 / 吉林艺术学院学生作业 / 2012

第二节　平面构成的起源与发展

一、包豪斯的发展对现代设计的影响

德国包豪斯（Bauhaus）学院，成立于1919年，是世界上第一所完全为发展设计教育而建立的学院，是由德国著名建筑师、现代主义建筑与现代主义设计的奠基人瓦尔特·格罗皮乌斯（Walter Gropius，1883—1969）建立。包豪斯学院的教学思想、专业课程设置、师资制度及设计理念等方面都发生过许多重大变化，即格罗皮乌斯的理想主义与其浪漫的乌托邦精神、迈耶的共产主义政治目标、米斯的实用主义方向与严谨的工作方法。所有这些虽然都具有强烈而鲜明的时代烙印，但同时也成就了包豪斯精神内容的丰富性、文化特征的复杂程度，为现代设计教育奠定了基础，同时对世界文化也有着深远的影响。

包豪斯的基础课程强调两个方面：一是对形态、色彩、材料、肌理的深入理解与体验，包括平面与立体形式的探讨与理解。二是通过对绘画的分析，找出视觉的形式构成规律，特别是韵律和结构两个方面的规律，逐步使学生对自然事物有一种特殊的视觉敏感性。关于点、线、面的论述在包豪斯的基础课教学中发挥了重要作用，而这些内容已成为现代设计教育体系中平面构成的先声。

包豪斯强调造型艺术的结合，提出艺术与技术相结合的思想；重视新的工业产品的使用价值与审美价值的辩证关系；提倡使用新材料、新技术和实用功能决定的现代抽象形式；主张艺术设计才能与工艺制作劳动相结合；倡导艺术家之间的协作和打破艺术家与匠师之间的壁垒。包豪斯奠定了现代设计教育体系的基础，其课程结构与教学方式成为世界各国许多学校设计教育的基础，培养的杰出设计师把现代设计推向了新的高度，其精神、观念与方法被奉为现代主义的经典。包豪斯提倡自由创作，反对模仿因袭、墨守成规，提倡在掌握手工艺的同时，了解现代设计的思维方式，大力开展国内外的交流合作，培养具有创造性思维能力，集艺术性、工艺性、设计性于一身的现代设计新型人才。

包豪斯的设计思想为现代设计思想的拓展和完善提供了可遵循的依据和准则，使现代设计思想更趋于系统化、规范化。包豪斯所提倡的功能化的设计原则，使现代设计对产品功能的物质载体重新加以探索，有效地利用载体，使载体多功能化，对材料、造型、使用环境等诸要素也进行了更深入的研究。包豪斯的发展在世界范围内影响巨大，我们在吸收包豪斯的设计理论和教育思想的同时，应该结合现实中具体的问题，将科学的探索精神及现代审美意识与本民族传统文化结合起来，更好地促进现代设计的发展。

图1-3为运用点线面的构成元素设计而成的包豪斯的标志。

图1-4至图1-6为密集、发射、和谐、平衡等构成元素在招贴设计中的应用。

图1-3　德国包豪斯的标志 / 1923

二、平面构成课程的确立与发展

平面构成是艺术设计的一个重要组成部分，它是学好视觉传达设计的关键课程，也是艺术设计专业的入门课程，对初学者有着重要的专业基础作用。通过对平面构成的学习，可以培养学生的形象思维与逻辑思维相结合的方法，向学生传授认识事物的方法，使学生对造型元素的构成具有一定的认识。

平面构成课程体系建立在理性和感性相结合、研究与实践相融合的基础上。此课程从基本造型规律和视觉认知规律出发，学习视觉语言和艺术造型共性的形式美法则，通过系统化地训练开展造型设计的理论研究，培养学生的基础造型能力和创造力，为专业设计提供方法和途径。同时拓展学生的设计思维，并帮助学生掌握一套有规律的设计方法，为今后的专业设计奠定坚实的基础。

平面构成教学如何能适应时代的发展，是我们不断思考的问题。"构成"教育在我国已历经数十年，艺术设计领域中的思维观念已经有了相当大变化、发展和更新，造型艺术在很大程度上变得更多元、广泛、兼容，在形式、材料、工艺、科技、行业等方面的界限日渐模糊。因此，我们的教学模式及课程的内容就要不断地调整与更新，对多年改革、探索的教学实践予以总结。

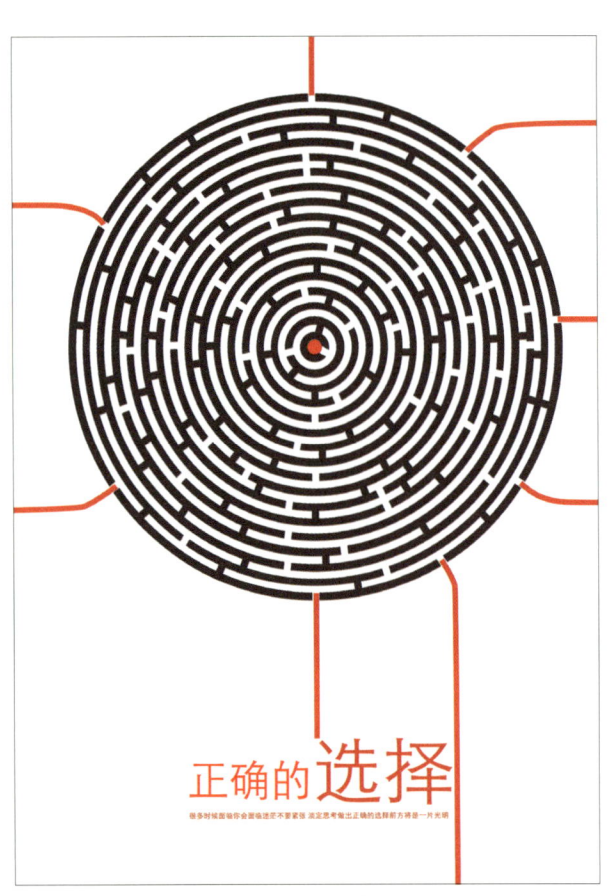

图1-5　迷宫 / 赵瑞雪 / 吉林工业大学 / 2012

图1-4　为自己加冕 / 张书宁 / 吉林艺术学院 / 2022

图1-6　灵感 / 张冉 / 吉林动画学院 / 2022

第三节　平面构成的法则与表现形式

一、平面构成的形式美法则

我们在这里要探讨形式美的法则，形式美泛指自然界中客观事物的各种造型及形式因素的艺术表现，关于形式美的研究是艺术学科共通的课题。那么，它的意义何在呢？在现实生活中，人们由于经济地位、文化素质、思想习俗、生活理想、价值观念的不同，会产生不同的审美追求，然而单从形式条件来评价某一事物或某一造型设计时，对于美或丑的感觉在大多数人心中存在着一种共识，这种共识是在人类社会长期生产、生活实践中积累的，它的依据就是客观存在的美的形式法则。如在我们的视觉经验中，高大的建筑和挺拔的树木都是高耸的，因而在艺术形式上给人以上升、高大、严格等感受，这些源于生活积累的共识使人们逐渐发现了形式美的基本法则。凡是形象设计，不论是平面设计还是立体设计，都要表现其美感。美的形式法则因此也成为一切造型活动不可缺少的重要原则。西方自古希腊时代就有一些学者与艺术家提出了美的形式法则的理论，例如毕达哥拉斯学派从数的量度中发现的"黄金比例"。对审美的追求与探索是人类永恒的主题，美的形式法则在构成设计的实践中更具有其重要性。

图1-7　同心战疫 / 刘雪松 / 吉林动画学院 / 2022

1. 形态构成中的和谐

和谐的广义解释是判断两种以上的要素，或部分与部分的相互关系给予我们所感受和意识的一种整体协调的现象。单独的一种颜色、单独的一条线无所谓和谐，几种要素具有基本的共通性和融合性才称为和谐。和谐的组合也可保持部分的差异性，但当差异性表现为强烈和显著时，和谐的格局就要向对比的格局转化。

2. 形态构成中的对比

反差很大的两个视觉元素排列在一起，使人感受到鲜明强烈的具有对立感的现象称为对比。用对比的手法能使主题更加鲜明，视觉感更加活跃。对比关系主要通过视觉元素，如：色调的明暗、冷暖，色相的迥异，形状的大小、粗细、曲直、高矮、凹凸、宽窄、上下、左右、高低、远近，形态的虚实、轻重、动静、软硬等多方面的对立来表现，它体现了哲学上矛

图1-8　环绕 / 张书宁 / 吉林艺术学院 / 2022

盾统一的世界观。对比法则广泛应用在现代设计当中，具有很强的视觉冲击力。

3. 形态构成中的对称

对称又名均齐，假定在某一图形中央设置一条直线，将图形划分为相等的左右两部分，这两部分的形态完全相等，这个图形就是左右对称的图形，这条垂直线称为对称轴。对称轴的方向如垂直转换成水平方向，则变成上下对称。自然界中随处可见对称的形式，如人体、动物、花木的叶子等。对称的形态在视觉上有自然、安定、协调、整齐、完美的朴素美感，符合人们的视觉习惯。假定针对某一图形，存在一个中心点，以此点为中心通过旋转得到相同的图形，即称为点对称。点对称又有向心的"求心对称"、离心的"发射对称"、旋转式的"旋转对称"及自圆心逐层扩大的"同心圆对称"等。

4. 形态构成中的平衡

平衡原指力学上的平衡状态。在生活现象中，每个人都具备平衡感，所以能直立行走、奔跑、骑自行车等。我们的眼睛习惯于具有平衡感的物象，而缺乏平衡感的视觉形象会使人紧张和不安。构成设计上的平衡并非实际重量的均等关系，而是根据图像的形象、大小、轻重、色彩等视觉要素的分布作用于视觉判断的平衡，更重要的是构成形态的心理感受。与对称相比较，平衡更加自由、生动、活泼，个性富于变化和表现力，在画面上常以中心点、中心线保持形态关系的平衡，平衡是动力和重心两种矛盾统一所产生的形态，形态构成中的平衡显示了静中有动的视觉效果。

5. 形态构成中的比例

比例是局部与局部或部分与整体之间数量比的关系。人们在长期的生产实践和生活中一直运用比例关系，并以人体自身的尺度为中心，根据自身活动的经验总结出各种尺度标准，体现于衣食住行的器皿和工具的制造中。如早在古希腊就已被发现的至今为全世界公认的黄金比例1：0.618正是人眼视域的高宽比。美的比例是平面构图中一切视觉单位的大小及各单位间编排组合的重要因素。恰当的比例有一种协调的美感，成为形式美法则的重要内容。

图1-7至图1-9招贴设计中运用了和谐、对比、对称、平衡、比例的构成形式语言，在视觉上产生了自然、协调、静中有动的形式美感。

图1-10至图1-12招贴中运用了节奏与韵律、平衡与比例的构成手法，将单纯的元素进行了有规律的变化，画面产生了静与动、音乐与诗歌般的节奏旋律感，使画面生动、活泼，富有联想性。

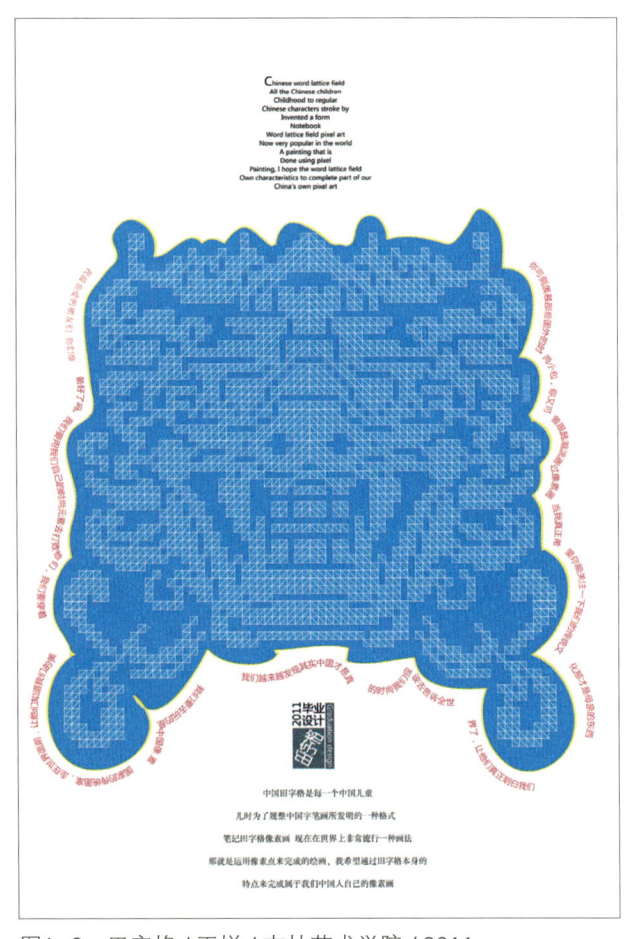

图1-9　田字格／王悦／吉林艺术学院／2011

6. 形态构成中的节奏与韵律

节奏与韵律是从音乐和诗歌里引入的概念。节奏是音乐中音响节拍轻重缓急的变化和重复，是不同强弱、长短声音有规律交替出现的现象。节奏这个具有时间感的用语，在构成设计上是指以同一要素连续重复时所产生的运动感。韵律原是指诗歌中抑扬顿挫、和谐悦耳有节奏的声音组合的规律。平面构成中单纯的单元组织重复过于单调，但由有规则变化的形态以数比、等比处理排列构图就会产生音乐、诗歌的节奏旋律感，使画面生动、活泼。视觉造型的领域中千变万化的造型元素远远多于音乐、诗歌的构成元素，节奏与韵律在构成中具有积极、多样、自由的表现力。

第三节 平面构成的法则与表现形式

图1-10 海洋之星 / 付强 / 吉林动画学院 / 2013

图1-11 招贴 / 米歇尔·布韦 / 法国 / 1992

图1-12 美丽海洋在歌唱 / 孔翠 / 吉林艺术学院 / 2013

二、平面构成中的基本形

1. 视觉元素的分类

①概念元素：所谓概念元素是指那些不实际存在的和不可见的，但为人们意念所能感觉到的东西，如我们会感到尖形角上有点，物体的边缘上有轮廓线，体的外表有面，而体则存在于空间之中。概念元素包括点、线、面、体。
②视觉元素：概念元素要通过视觉元素见之于画面，视觉元素包括形象的大小、形状、色彩、肌理等。我们如果不把概念元素体现在实际的设计之中，不把它变成某种形象化的东西，它将是无意义的。
③关系元素：视觉元素在画面上如何组织、排列，是靠关系元素来决定的，关系元素包括方向、位置、空间、重心等。
④实用元素：实用元素主要指的是设计所表达的含义、内容以及设计的目的和功能。

2. 形的分类

形是物体的外部特征，是可见的。形包括视觉元素的各个部分，如形状、大小等。所有概念元素如点、线、面，在平面构成中都具有各自的形，构成设计中对形的研究是必不可少的。

①几何形——几何形是抽象的、单纯的，一般是运用工具描绘的，视觉上有理性、明确之感。
②偶然形——指偶然形成的，如白云、枯树、破碎的玻璃、颜色滴落在纸面上等偶然形成的形状。
③人为形——指人类为满足物质和精神上的需要，有目的性、人为创造的形态，如建筑、汽车、器物等。
④自然形——指大自然中固有的可见形态，自然形态千变万化，丰富多彩，是形态的宝库。
⑤联想图形——根据以上各类图形，再进行想象上的夸张、变化、创造，而形成的新图形。
⑥基本形与派生形——对某一个基本形态进行联想、夸张或打散重构，形成的新图形。
⑦原生形与再生形——画中有画，形中有形，多个正形的组合产生的负形，也就是再生形。
⑧平面形与空间形——用平面形去表现立体空间，利用错视效果体现三维效果的空间形。

图1-13至图1-15几何形在主题招贴设计中的应用。

图1-13　和谐·天 / 冯晶 / 吉林建筑工程学院 / 2010

图1-14　和谐·地 / 冯晶 / 吉林建筑工程学院 / 2010

图1-15　和谐·人 / 冯晶 / 吉林建筑工程学院 / 2010

3. 形的正与负（图与底）

在初步了解各种形的分类之后，要进一步研究基本形的形态与空间变化关系。形与空间的关系即图与底的关系，一般情况下，成为视觉对象的叫图（正形），其周围的空间叫底（负形）。图与底是共存的，在平面设计中的正负空间造型共用边界和图底转换的典型之作是"鲁宾之杯"（图1-16），它利用的是相切形和联合形，使人产生丰富的想象。我们可以把"形影不离""一语双关"等成语用在图底转换的视觉语言中。

在设计中，实体图形容易得到重视、突出和强调，而虚形的作用和意义却易被忽视。正负形的训练目的正是要强调虚实的同等重要性。从事艺术设计就要学会从多种角度去观察生活，充分利用一切可利用的元素。正负形在我们生活中常被采用，如智力拼图游戏和太极图形等，设计师们利用这种形式，让我们了解如何感受共享空间的存在以及它们的美妙之处（图1-17）。有目的地利用正负形进行创作，形态的互动能提高图形的信息承载能力和表达功能，在视觉上更具有强烈的错视感和冲击力。

图1-18至图1-20运用正负形进行创作，使图与底形态互动，共享图形空间，提高设计信息的承载力和表现力，在视觉上具有强烈的错视效果和冲击力。

图1-16 鲁宾之杯 / 笛福 / 英国

图1-17 正负形的转换 / 吉林艺术学院学生作业 / 2005

图1-18 疫情防控 / 刘雪梅 / 2022

图1-19 保护环境 / 赵元川 / 吉林动画学院 / 2022

图1-20 动物朋友 / 罗雯 / 吉林艺术学院 / 2022

三、平面构成的元素点、线、面

点、线、面是一切造型要素的基础，存在于任何造型设计之中。对于一个设计者来说，点、线、面的构成训练是必不可少的，研究这些基本要素及构成原则是我们研究其视觉元素的起点。点、线、面又被称为"构成三元素"，点、线、面通常被认为是概念元素，但是运用在实际设计之中，它们则是可见的，并具有各自特有的形象。

1. 点的形象

在几何学上点只有位置，没有面积。但在实际构成练习中点要见之于图形，并有不同大小的面积。点是最简洁的形状，是造型的原生因素，点在构成中具有集中和吸引视线的功能。点的连续会产生线的感觉，点的集合会产生面的感觉，点的大小不同会产生深度的感觉，几个点之间会有虚实的效果。点有各种各样的形状，有规则和非规则的。越小的点感觉越强但显得柔弱。点逐渐增大时，则趋向于面的感觉。

点位于画面中心时，与画面的空间关系显得和谐稳定，当点位于画面边缘时就改变了画面的静态平衡关系，形成了紧张感。如果画面有两个点产生便形成两点之间的视觉张力，人的视线就会在两点之间来回跳动，形成一种新的视觉关系。当两个点有大小区别时，视线就会由大点到小点移动，产生运动趋势，具有了时间的概念。如果画面中有三个点时，视线就在这三个点之间流动，呈现的感受是三角形的面。如果是众多点的聚散，就会引起能量和张力的多样化，这种复杂性会使画面具有动感的情趣。

点的连续排列形成虚的线，其距离越近时，线的特性就越显著。点依据水平或垂直方向排列，成为线的构成。相反，点沿着斜线、曲线、漩涡线排列，或者以自由方式排列，则形成动感的构成。

点的大小渐变连续排列，能形成有动感和深度感的构成。应用点的大小、多少、聚散、连接或不连接等变化排列，能形成有节奏、韵律感的构成。点有规律的间隔排列会产生井然有序的美感。如点的大小、远近和周围的空间有比较时，就会产生点的错视效果。（图1-21）

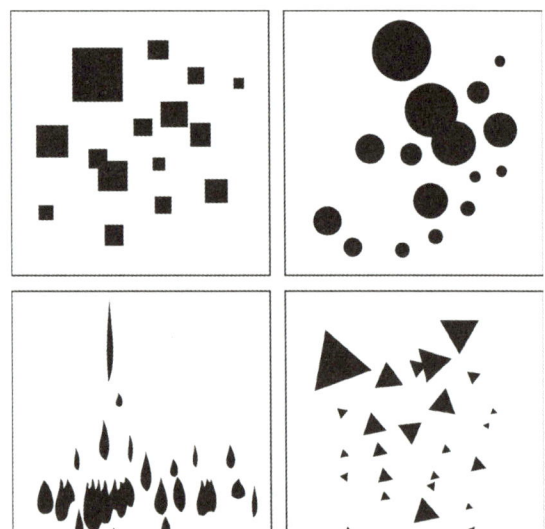

图1-21　点的形象

图1-22　线的形象

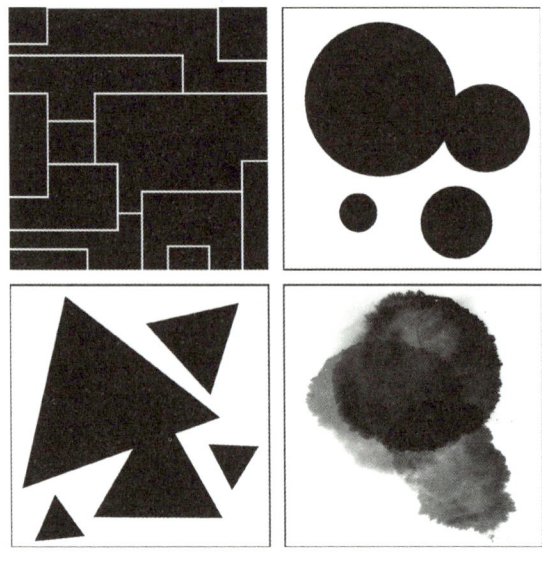

图1-23　面的形象

2. 线的形象

线是由点运动的轨迹而形成的。几何学上的线没有粗细、只有长度和方向，但构成中的线在画面上的体现是有宽窄粗细的。直线反映了运动、简洁的形态；曲线能表现出柔美、波浪的形态；而自由形态的线描在中国绘画中更被广泛运用，并有很强的表现力。

线在造型中的地位十分重要，因为面的形是由线来界定的，线就是形的轮廓线。

不同的线能表现不同的品格。直线的品格：有力、果断、明确、理性、坚定、具有速度感和坚强感。直线大致可分为垂直线、水平线、折线、斜线等形式。垂直线有庄重、上升之感；水平线有静止、安宁之感；折线、斜线有运动、速度之感。

曲线的品格：柔和、丰满、优雅、感性、含蓄和富有节奏感。曲线大致可分为几何曲线和自由曲线两种形式。几何曲线规律性强，有圆、圆弧、抛物线等样式，有明确、清晰、易于制作和识别的特性。而具有弹性和富于动感变化的自由曲线，则表现出一种有机的生命形态。即兴的自由曲线展现了个性化的特征，其线条很难重复。

增加线条的宽度会呈现面的特性，粗的线能增加力度和厚重感。细的线显得纤细、敏锐而柔弱，锯齿状的线因其强烈的刺激性而令人产生振动的感受，粗糙的线会令人产生受阻的感觉。

线的运动方向基本归为垂直、水平、倾斜三种。线通过集合排列形成面的感觉，线的粗细的变化、长短变化、疏密变化的排列可以形成有空间深度和运动感的结合。线的组合利用宽窄、颤动、迷幻的排列变化，还可产生视觉幻象。（图1-22）

3. 面的形象

面是线移动的轨迹。与点相比，面是一个平面中相对较大的元素。面有长度、宽度，无厚度，它受线的界定而具有一定的形状，因此面即"形"。面有几何形、有机形、偶然形、不规则形等。面又分两大类：实面和虚面。实面是指有明确形状的能实在看到的，虚面是指不真实存在但能被我们感觉到的，由点、线密集而形成。（图1-23）

面的构成即形态的构成，在构成中由于基本形的组合，产生了形与形之间的组合关系，这种关系主要有以下几种方式。（图1-24）

① 分离——形与形之间不接触，有一定距离。
② 接触——形与形之间的边缘正好相切。
③ 覆叠——形与形之间是覆盖关系，由此产生上下、前后的空间关系。
④ 透叠——形与形有透明性的相互交叠，但不产生上下、前后的空间关系。
⑤ 结合——形与形相互结合成为较大的新形状。
⑥ 减缺——形与形相互覆盖，形被覆盖的地方减掉。
⑦ 差叠——形与形相互交叠，交叠部分产生一个新的形。
⑧ 重叠——形与形相互重合，成为一体。

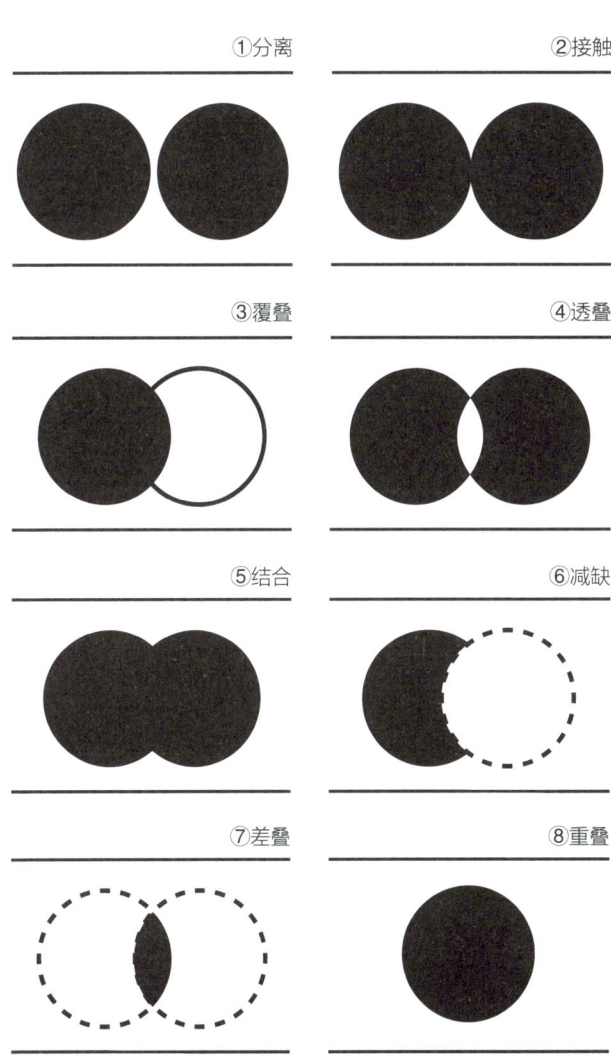

图1-24 基本形的组合关系

图1-25 "十面埋伏"字体设计综合运用了平面构成基本要素点、线、面,设计效果生动别致。

图1-25 十面埋伏 / 徐欣 吴佳笠 吴轶博 刘绍勇 苏大伟 钱娜 / 吉林艺术学院 / 2009

四、平面构成的表现形式

就平面构成的表现形式而言，基本形和骨格的关系极为重要，我们将在后续内容中分别讨论基本形与骨格的各种变化。

1. 重复

（1）基本形的重复

若在设计中不断使用同一个基本形，就称重复基本形。进一步说，形状、大小、色彩、肌理都相同的形为重复基本形，重复基本形可以使设计产生一种和谐的感觉。但是，如果完全重复，便会产生单调。为了在重复中寻求变化，就应在排列中注意重复基本形的方向与空间及骨格的关系，如重复方向、不定方向、交错方向、渐变方向和近似方向等。

（2）骨格重复

若骨格的每个空间单位完全相同，此骨格就为重复骨格。也就是说基本形有规律地排列起来时，它们各占的空间面积完全相同，那就是纳入了重复骨格。

平面构成中的骨格将管辖设计中基本形的位置，通常骨格支配整个设计秩序，并预先决定了基本形在设计中的彼此关系。骨格本身的结构可以是规律性的、半规律性的或无规律性的。

（3）骨格的形式

当基本形纳入骨格时，体现出有作用性骨格（图1-26）和无作用性骨格（图1-27），可见骨格与不可见骨格。

①有作用性骨格给基本形以固定空间（骨格内），无作用性骨格给基本形以固定位置（十字交叉点上）。
②有作用性骨格基本形可以在骨格单位内上下、左右移动，甚至超越骨格线。如果超越骨格线，超出的部分将被骨格线切除。无作用性骨格基本形不得移动位置，但基本形可以任意大或小，将产生基本形相联。
③可见骨格是指骨格线明确地表现在构图中，有明确的空间划分，可见的骨格线和基本形通常同时出现在画面上。
④不可见骨格是指概念中存在、常常在画面上见不到，只是作为基本形编排的依据和结构，并不一定画出来。

（4）骨格的变化

根据基本方格的组织可演变出多种形式的重复骨格（图1-28）。

图1-26　有作用性骨格

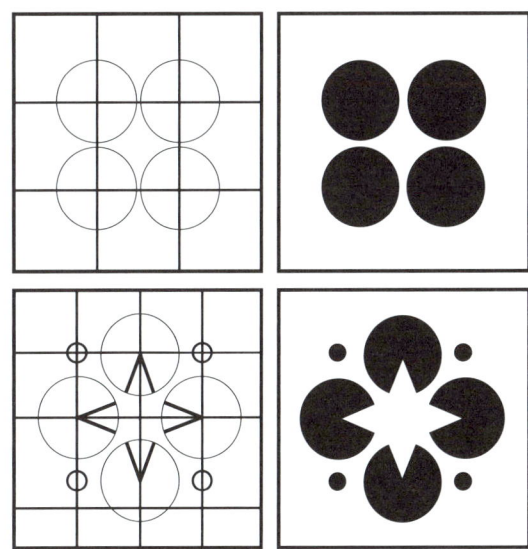

图1-27　无作用性骨格

图1-28　多元性的重复骨格

①比例的改变：基本方格可由正方形变为长方形，因为长方形的方向是明显的，因此，设计就有了方向的偏重。

②方向的改变：骨格线可由垂直和水平方向变为倾斜，其骨格线仍旧互相平衡，并带有动感。

③行列的移动：骨格线保留一个单元垂直或水平，而另一单元可以有规律性地或无规律性地移动，使原来完全互相连接的骨格单位稍有斜离，形成梯级现象。

④骨格线的弯折：在保证各骨格单位形状、大小始终相同的情况下，骨格线可以有规律地弯折。

⑤骨格单位的联合：两个或更多的骨格单位，可合并形成新的、大的骨格单位，但要保证形状、大小相同，在合并后不留空隙。

图例见图1-29至图1-39。

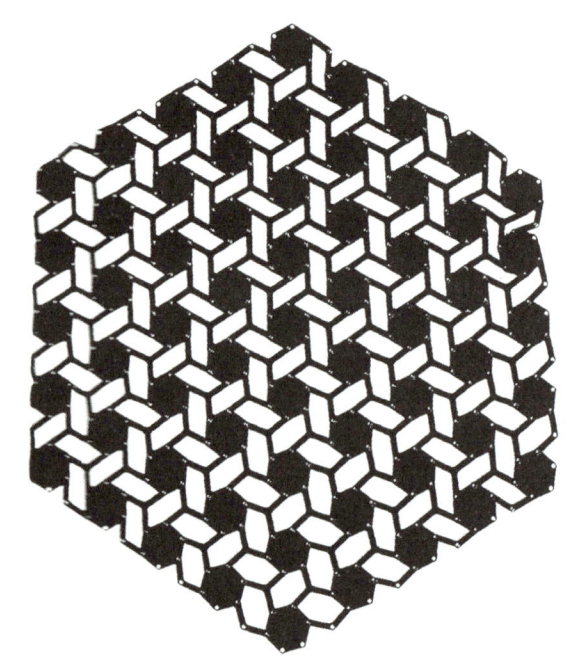

图1-29　Tile Magic / 西原明 / 日本

《幻雪》标志动态演示 / 李南南 / 吉林艺术学院

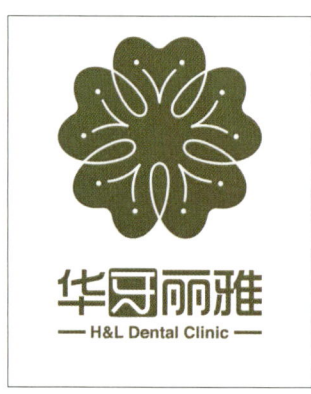

华牙丽雅 / 侯玥 / 中国传媒大学

首城 / 宋涛 / 长春理工大学

Holiday Queen / 李特 / 吉林艺术学院

iACGF / 李飞 陈永利 张继斌 / 吉林动画学院

幻雪 / 秦旭剑 / 吉林艺术学院

泰和春 / 宋涛 / 长春理工大学

长白山文化发展论坛 / 陈永利 张继斌 / 吉林动画学院

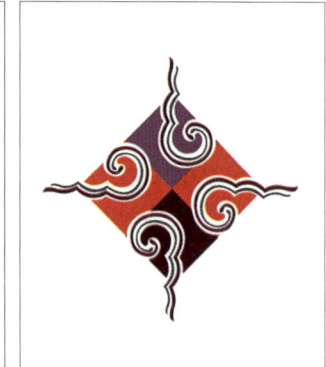

某公司标志 / 王艳君　吴鑫

图1-30　重复形态在标志中的应用

图1-31 重复练习1 / 吉林艺术学院学生作业 / 2008

图1-32 重复练习2 / 吉林艺术学院学生作业 / 2007

图1-33 重复练习3 / 吉林艺术学院学生作业 / 2007

第三节 平面构成的法则与表现形式

图1-34 重复练习4 / 吉林艺术学院学生作业 / 2008

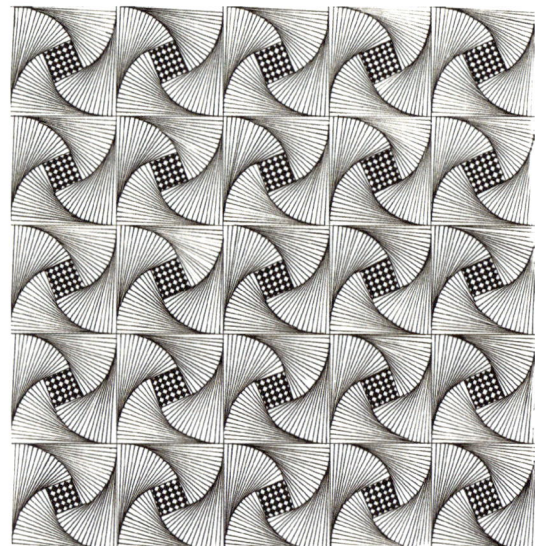

图1-35 重复练习5 / 吉林艺术学院学生作业 / 2007

图1-36 重复练习6 / 吉林艺术学院学生作业 / 2007

图1-37　重复练习7 / 吉林艺术学院学生作业 / 2008

图1-38　重复练习8 / 吉林艺术学院学生作业 / 2008

图1-39　重复练习9 / 吉林艺术学院学生作业 / 2007

2. 近似

近似形是指基本形之间的一种相似性。世界上没有两样完全相同的生物，但彼此相像而不完全一样的例子很多，如植物中的每一片叶子的形状、叶脉、花瓣就形状和颜色来说都是相近而不同的，这是近似的现象，近似是相同中有不同。当然近似是相对的，近似可以天然地达到和谐而富有变化，近似是协调的最好方法。反过来讲，要想取得近似，必须在不同中求相同，相同中求不同，一般近似是大部分相同，而小部分不同，这样才能造成远看如出一辙，近看千变万化的美妙图形。

（1）形状近似的构成

重复基本形的轻度变异是近似基本形。设计中基本形的近似一般特指形状、大小、方向、角度、色彩、肌理的近似。当然所谓形状近似是有弹性的，近似的程度是由设计者自己决定的。若近似要求严格，各基本形便趋于相似，甚至接近重复。若近似的要求随便，各基本形趋于互异，近似构成要求形态彼此之间要有相同成分的关联。

形状的近似从下列方法中获得：

①同类别的关系：形态属于同类品种、意义或功能有相互联系的，就会形成近似形，近似是富有弹性的。如文字属同类别的近似形，人类和动物相比，人类自身属同类别的近似形，动物自身也属同类别的近似形。
②空间变形：一个圆形在空中旋转，可由圆形变为椭圆形。所有形状都可如此转动，甚至弯曲，而求得一系列的变形，均是近似形。
③相加或相减：一个基本形的产生由两个或两个以上的形状彼此相加（联合）或相减（减缺）而形成。由于加减的方向、位置、大小之不同，便可产生一系列近似形。
④伸张或压缩：形状可像富有弹性的橡胶一样，受内力的伸张或压缩，产生一系列不同程度的变形，均为近似形。
⑤以理想基本形为模式，从中求取近似形。通常以重复骨格的方格单位制作基本形的模式，再从模式中取其任意部分，便可获得一系列近似形。

（2）骨格近似的构成

近似基本形一般应纳入重复骨格中，有作用性或无作用性均可，根据具体情况而定。骨格单位在形状和大小方面产生的变化呈现近似，即属近似骨格，实际是一种半规律性骨格。此类骨格在应用时注意不要使其秩序紊乱，一般在近似骨格内相应地纳入近似基本形，并要求基本形不宜太复杂。也可以按照视觉分布，而不画骨格线，这就是将基本形分布在画面时，应使每个基本形所占的空间大致相同，但这些分布要由视觉判断的，而不是靠骨格线的引导。

图例见图1-40至图1-56。

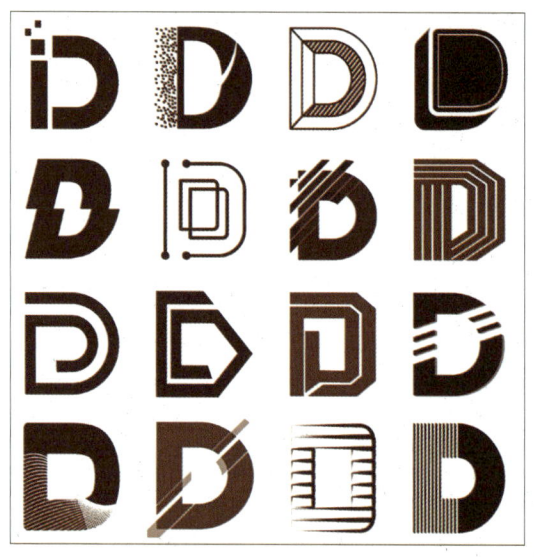

图1-40　近似练习1 / 张书宁 / 吉林艺术学院 / 2022

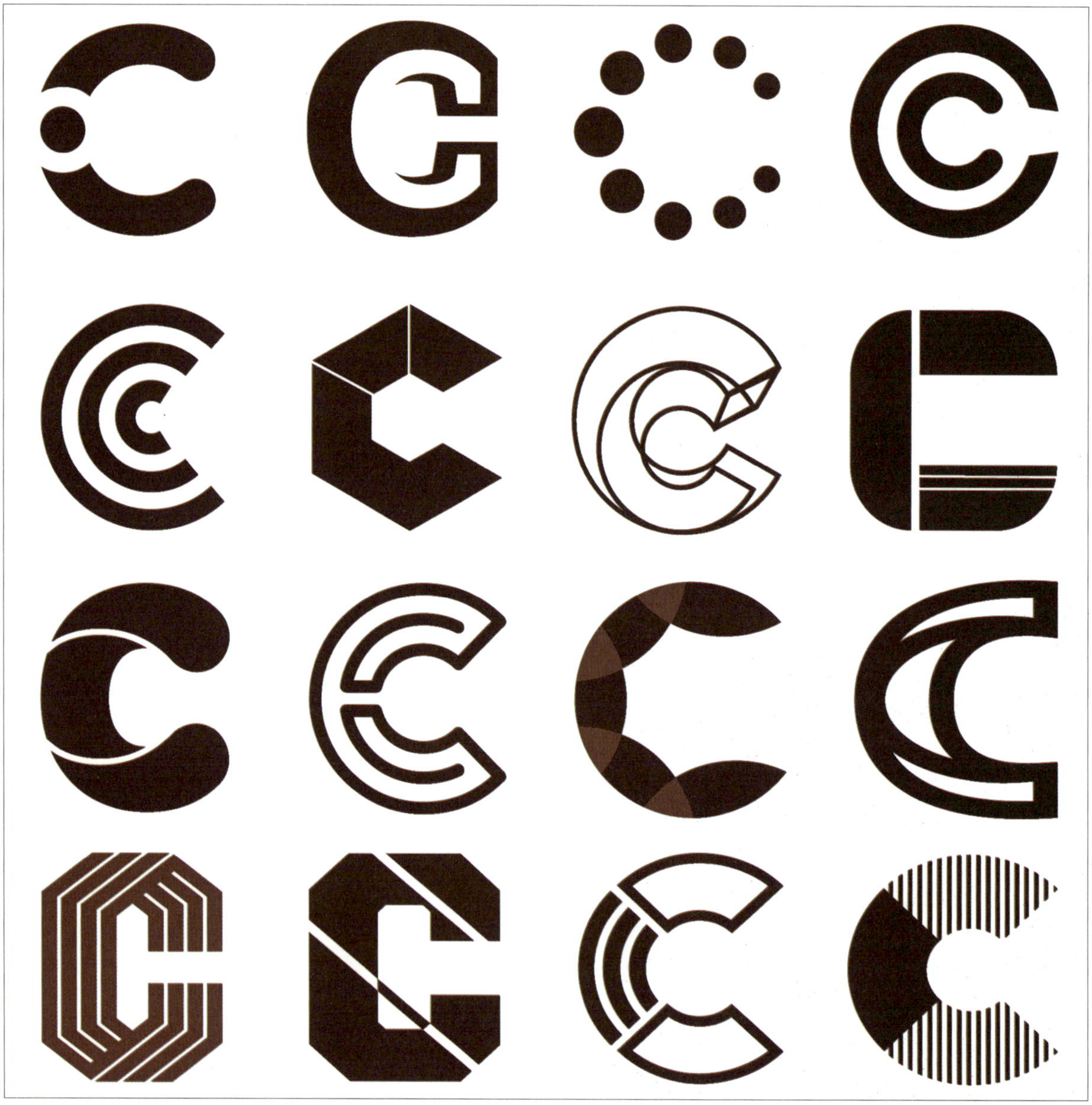

图1-41　近似练习2 / 张书宁 / 吉林艺术学院 / 2022

图1-42　近似练习3 / 张书宁 / 吉林艺术学院 / 2022

图1-43　近似练习4 / 姜晓凡 / 吉林艺术学院 / 2022

029

第三节　平面构成的法则与表现形式

图1-44　近似练习5 / 吉林艺术学院学生作业 / 2011

图1-45　近似练习6 / 徐婷 / 吉林艺术学院 / 2011

图1-46　近似练习7 / 吉林艺术学院学生作业 / 2011

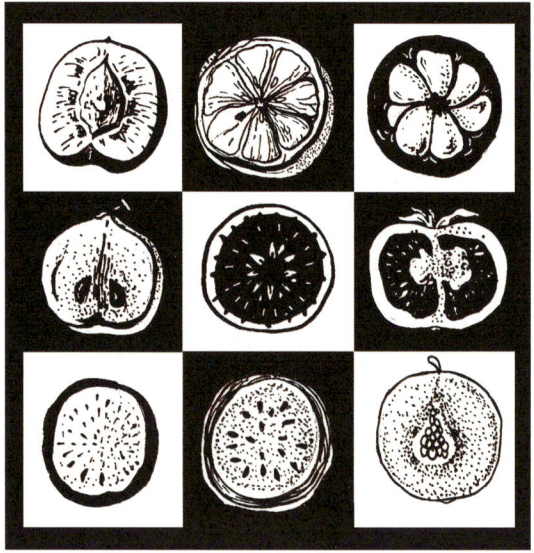

图1-47　近似练习8 / 赵元川 / 吉林动画学院 / 2022

图1-48　近似练习9 / 赵元川 / 吉林动画学院 / 2022

图1-49　近似练习10 / 吉林艺术学院学生作业 / 2007

图1-50　近似练习 / 张冉 / 吉林动画学院 / 2022

图1-51　近似练习12 / 吉林艺术学院学生作业 / 2011

图1-52　近似练习13 / 张嘉睿 / 吉林艺术学院 / 2022

031

第三节　平面构成的法则与表现形式

图1-53　近似练习14 / 吉林艺术学院学生作业 / 2008

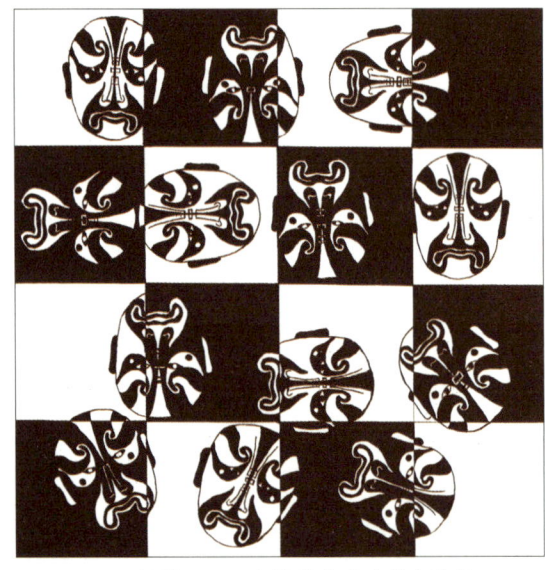

图1-54 近似练习15 / 吉林艺术学院学生作业 / 2008

图1-55 近似练习16 / 吉林艺术学院学生作业 / 2007

图1-56 近似练习17 / 吉林艺术学院学生作业 / 2008

3. 渐变

渐变是日常视觉经验之一。如一个人由远及近、逐渐由小变大的现象就是渐变。渐变是一种运动变化的规律，它是对应的形象经过逐渐地、规律地过渡而相互转换的过程。在平面造型中，渐变的表现往往是以基本形或骨格的渐次变化及节奏和比例的控制，来提升图形视觉感受的。

（1）基本形渐变

①形状渐变：任何一个形象均可逐渐变化成为另一个形象，只要消除双方的个性，取其共性，需要有一个综合的过渡区，取其渐变过程，就可得到形状渐变。

不管基本形逐渐削减、逐渐升高或逐渐扩大，都是中间地带，双方各占一半。如果将圆形渐变为方形，再由方形渐变为三角形，其道理相同，照此方法，任何一个形象都可渐变为另一个形象。

②大小渐变：基本形逐渐由大变小或由小变大，给人以空间移动的深远感。

③方向渐变：基本形的方向逐渐有规律地发生变动，给人以平面旋转感。

④位置渐变：基本形按照一定的规律在骨格中的位置发生变动（做上下、左右或对角线移动），给人以平面移动感。

⑤倾斜渐变：基本形从正面逐渐倾斜到侧面及反面的过程就是倾斜渐变，给人以空间旋转感。

⑥增减渐变：两个形状按照一定的秩序和数量逐渐相加或相减的过程为增减渐变。

⑦伸缩渐变：基本形因受外力或内力的作用，产生压缩或扩张逐渐变形的过程为伸缩渐变。

⑧虚实渐变：一个形象虚形渐变成另一个形象的实形为虚实渐变。这是一种巧妙的图形联想方式的渐变，它利用边缘线的共用，使一种形的虚空间转换为另一种新的形态，而中间过渡地带的形象似是而非。注意此渐变速度不宜太快，不然容易引起视觉上的跳动感，应做到形在不知不觉中转变。

（2）骨格渐变

骨格单位的空间，其形状、大小按一定的等比或等差有规律地渐变，为骨格渐变。

①单元渐变：骨格线的一个单元等距离重复，另一个单元逐渐增宽或缩窄。

②双元渐变：骨格线的两个单元同时渐变，为双元渐变，骨格线无论横竖或倾斜均可。

③等级渐变：竖排或横排的骨格单位，均可整排移动，产生梯级形状为等级渐变。

④折线渐变：整组横的或竖的骨格线都可平行弯曲，形成折线渐变。

⑤联合渐变：将邻近的双元渐变骨格单位相互合并形成较大的或复杂的骨格单位，其骨格单位仍保留渐变效果者为联合渐变。

⑥分条渐变：当一个单元渐变后，另一个单元在分好的条内独立分组渐变，就可构成分条渐变。

⑦分段几何形渐变：以骨格线有规律地构筑渐变几何形，使骨格线分段组接，可形成特殊渐变效果。

⑧阴阳渐变：骨格线本身有粗、细、宽、窄之渐变为阴阳渐变，一般都是单元渐变。

图例见图1-57至图1-75。

单元渐变　　　　折线渐变

双元渐变　　　　阴阳渐变

位置渐变

图1-57　渐变练习1

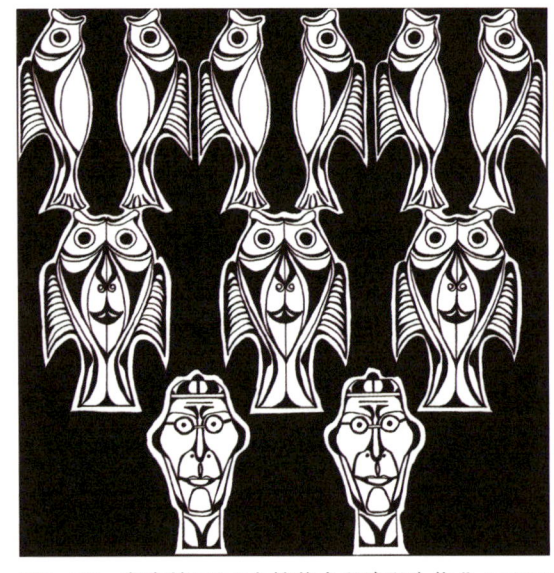
图1-58 渐变练习2 / 吉林艺术学院学生作业 / 2006

图1-59 渐变练习3 / 张书宁 / 吉林艺术学院 / 2022

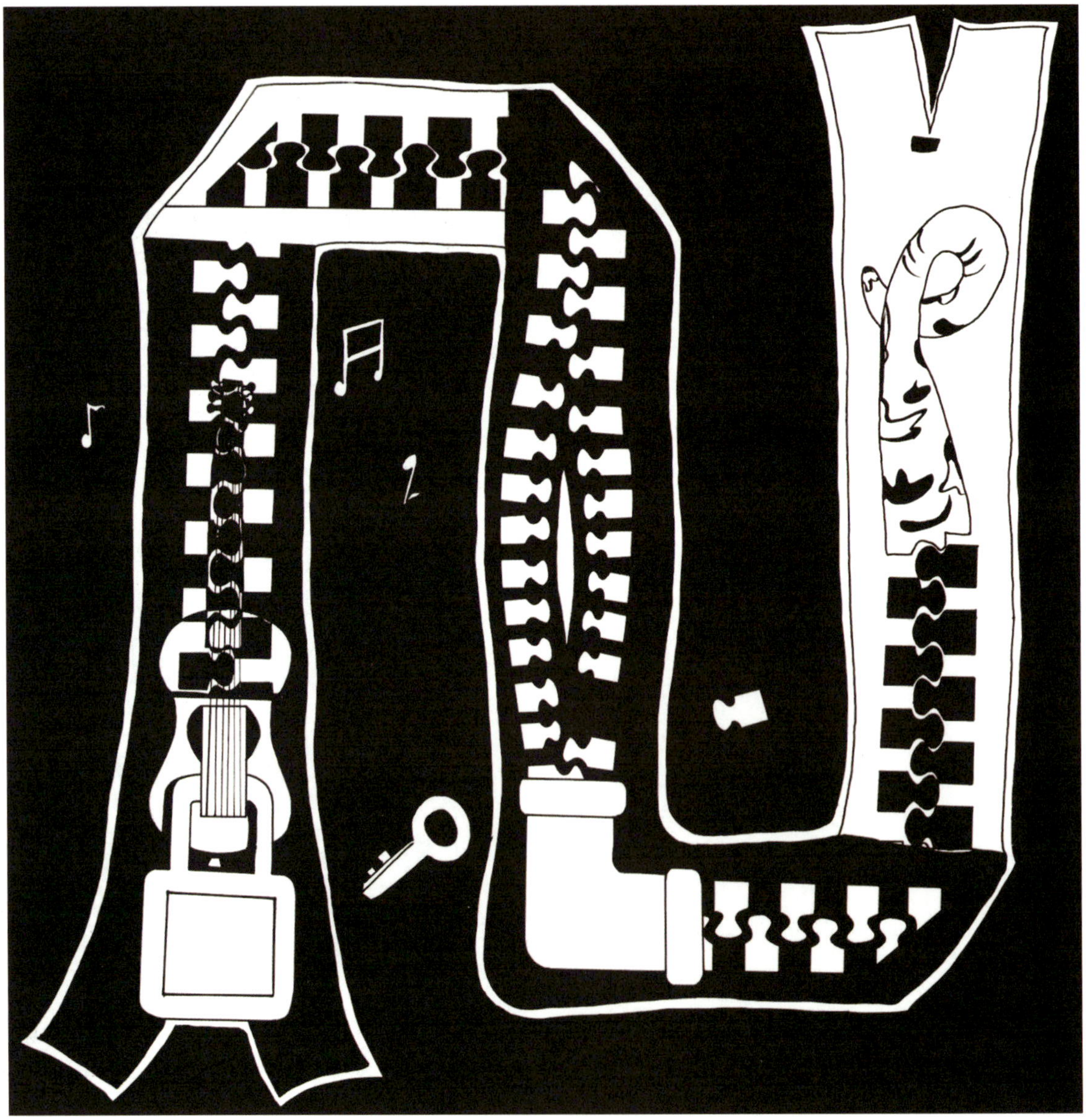

图1-60 渐变练习4 / 吉林艺术学院学生作业 / 2007

图1-61　渐变练习5 / 吉林艺术学院学生作业 / 2008

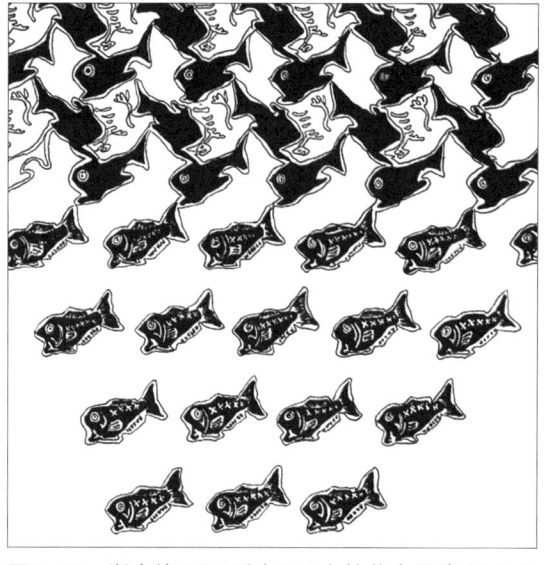

图1-62　渐变练习6 / 奚春雨 / 吉林艺术学院 / 2008

第三节　平面构成的法则与表现形式

图1-63　渐变练习7 / 吉林艺术学院学生作业 / 2011

图1-64　渐变练习8 / 吉林艺术学院学生作业 / 2006

图1-65　渐变练习9 / 吉林艺术学院学生作业 / 2006

图1-66　渐变练习10 / 吉林艺术学院学生作业 / 2006

图1-67　渐变练习11 / 吴明 / 吉林艺术学院 / 2011

图1-68　渐变练习12 / 罗雯 / 吉林艺术学院 / 2022

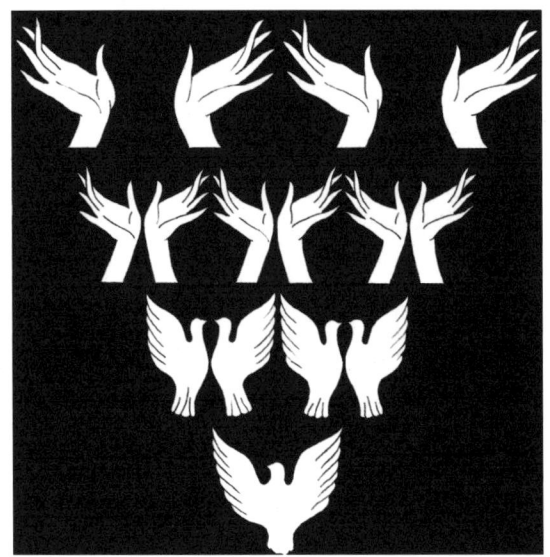

图1-69　渐变练习13 / 吉林艺术学院学生作业 / 2006

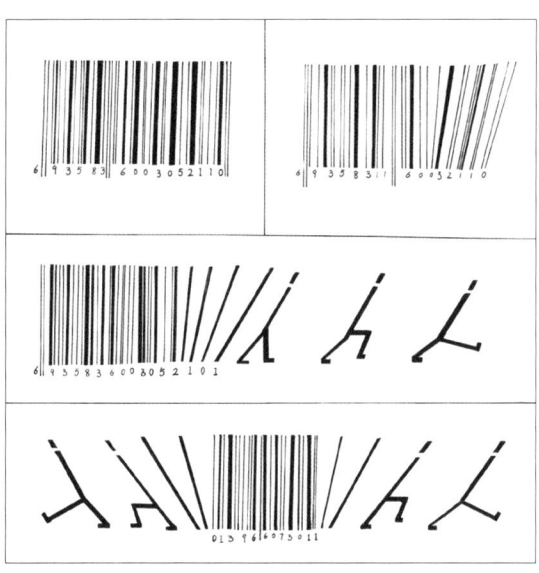
图1-70 渐变练习14 / 吉林艺术学院学生作业 / 2007

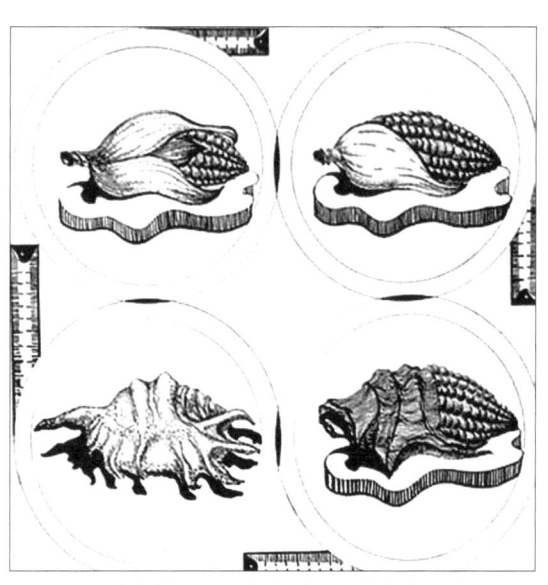
图1-71 渐变练习15 / 赵芷玲 / 吉林艺术学院 / 2011

图1-72 渐变练习16 / 谢彬 / 吉林艺术学院 / 2007

图1-73 渐变练习17 / 吉林艺术学院学生作业 / 2006

图1-74 渐变练习18 / 吉林艺术学院学生作业 / 2006

图1-75 渐变练习19 / 吉林艺术学院学生作业 / 2007

4. 发射

发射是特殊的重复和渐变，其基本形和骨格线环绕着一个或几个共同的中心点。

发射是自然界常见的现象，盛开花朵中的花瓣排列、贝壳的螺纹、节日的礼花以及投石于宁静的水面所引起的阵阵涟漪都是发射的画面。

发射具有强烈视觉效果，令人炫目，倘若需要一个视觉冲击力强的设计，则发射构成最为合适，因为发射有三大特征：其一具有多方面的对称；其二具有非常鲜明的焦点，此焦点通常位于画面的中央；其三能形成光学的动力，使所有形象向中心集中或由中心向四周散射。

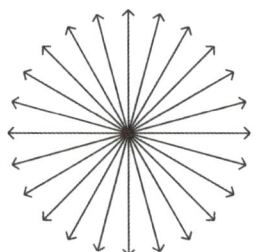

离心式　　　　　　　　离心式

 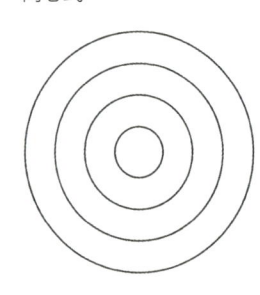

向心式　　　　　　　　同心式

图1-76　发射骨格

（1）发射骨格的构成因素
①发射点即发射中心，这是焦点所在。一幅设计作品中，发射点可以是单元的，也可以是双元的；可以是明显的，也可以是隐晦的；可以是大的，也可以是小的；可以是动的，也可以是静的，其种类不限。
②发射线：即骨格线，它是方向（离心、向心或同心）与线质（直线、曲线或折线）的差别。

（2）发射骨格的种类
根据发射线的方向一般分为三类：离心式、同心式、向心式。而在实际设计时，通常都互相兼用，互相协助，互相分割或互相穿插。

①离心式：中心向外发射，是发射构成的主要形式。由一个中心向外发射或由外向内集中，发射的骨格线可以是直线或曲线，骨格线的疏密也可随意，但往往骨格线的密度和变化越多，视幻感就越强。离心式的构成形式有：基本离心式、弯折离心、中心偏置、中心分裂、中心扩大、多元中心、分割合并和双元合并。
②同心式：骨格线渐层环绕中心沿着有规律的轨迹，如直线、曲线甚至圆形、方形、三角形等不断地向外移动，从而所得的圆形骨格线也不断移动，将产生各种漩涡效果。同心式的构成形式有：螺旋同心式（同心式的骨格线部分相接，不同中心的半圆首尾相接，均可构成螺旋同心式）、多元中心式（不同中心的弧线连为一体，形成弯折式的同心）、中心隐藏同心式（这种骨格线构成和多元中心相同，只是不呈现出来）、离心同心式（同心式的骨格线中，每层再加离心式发射线）。
③向心式：中心不是所有骨格线的交集点，而是所有骨格的弯曲指向点。指向中心的曲折平行线层，均匀地等分着整个图形。还有渐变向心式，它是骨格线层的夹角逐渐大或逐渐小，使夹角按照一定的渐变秩序构成骨格线。无论离心、同心或向心，在实际设计制作时，往往都是联合为一，以取得丰富的视觉效果。

不同形式的发射骨格叠用可产生丰富、完美、精彩的发射骨格。但要保证结构的内在联系和单纯。发射骨格也可以和重复骨格以及渐变骨格叠用。不管如何联系，一定要保持结构的单纯、清晰、精密、有序，不可乱叠。

（3）发射骨格和基本形的关系
①发射骨格内纳入基本形，如同重复或渐变骨格内纳入基本形一样，一般基本形只能纳入简单的发射骨格中，须突出基本形的排列，按有作用性或无作用性处理均可。
②利用发射骨格线引辅助线构筑基本形，这样能突出

发射骨格和基本形排列，基本形融于发射骨格中，突出发射骨格造型而不会破坏骨格。辅助线可以在骨格单位内引，也可以脱离骨格单位引，任意选择。

③骨格线或骨格单位自身为基本形，此基本形就是发射骨格。这一类将完全突出发射骨格，无须纳入任何形或引任何线。骨格本身就很完美，骨格线作基本形实际是骨格线变宽，呈放射状，群化联合，这种骨格线应简单、有力。骨格单位作基本形，就是把骨格的空间黑白交替填充，呈现出一正一负的黑白形，明确地显示着发射骨格。

图例见图1-76至图1-88。

第三节 平面构成的法则与表现形式

图1-77　佛在心中／张继斌／吉林动画学院／2013

图1-78　招贴设计／赵毅凯／2013

图1-79　抗疫／姜晓凡／吉林艺术学院／2022

图1-80 发射练习1 / 吉林艺术学院学生作业 / 2006

图1-81 发射练习2 / 吉林艺术学院学生作业 / 2006

图1-82 发射练习3 / 吉林艺术学院学生作业 / 2006

图1-83　发射练习4 / 吉林艺术学院学生作业 / 2006

图1-84　发射练习5 / 吉林艺术学院学生作业 / 2009

图1-85　发射练习6 / 吉林艺术学院学生作业 / 2007

图1-86　发射练习7 / 吉林艺术学院学生作业 / 2007

图1-87　发射练习8 / 吉林艺术学院学生作业 / 2007

图1-88　发射练习9 / 吉林艺术学院学生作业 / 2006

第三节　平面构成的法则与表现形式

5. 特异

特异构成是在规律的重复中刻意地突变，是和秩序产生的对比效果，是同类形象中的异质变化。它是在保证整体规律的情况下，仅小部分与整体秩序不和谐但又与规律不失联系，此小部分就是特异。特异的程度视具体情况而定，有时是规律中极轻微的偏差，有时则与规律有相当大的差异，但不管何种程度，都应与规律不失去联系为宜。特异部分为视觉中心，易引人注意，如"鹤立鸡群""万绿丛中一点红"就是特异的典型例子。

（1）特异基本形

特异是相对的，若大部分基本形保持严整的规律，其中一小部分违反了规律，这小部分就是特异。特异的基本形和规律的基本形应大同小异或小同大异，使得与整体不失关联，又显而易见，引人注目。为此特异的基本形应集中在一定的空间，不要散乱，特异的基本形应数目稀少，甚至只有一个，这样方可形成视觉中心。

① 规律转移

特异基本形彼此之间形成一种新的规律，与原整体规律的基本形有机地列在一起，就是规律的转移。这种规律的转移无论从形状、大小、方向或位置等均可进行构成，只是转移规律的部分一定要少于原整体规律的部分，并彼此协调有序。

② 规律破坏

基本形中发生特异的部分之间无规律，无论从形状、大小、方向或位置等方面都无自身规律，但又融于整体规律之中，这就是规律破坏。规律破坏的部分当然也以少为宜。

（2）特异骨格

在规律性的骨格中，部分骨格单位在形状、大小、方向或位置方面产生变动，那就是特异骨格。

① 规律转移

骨格中发生特异的部分是另外一种规律，并与原整体规律保持有机关系，那么这部分就是规律转移。

② 规律破坏

骨格中发生特异的部分没有新规律，而是原整体的规律在一些地方受到干扰，那也是规律的破坏，规律破坏的地方，骨格线可能互相纠缠、交错、断碎，甚至消失，但与原整体的规律骨格线保持联系，并部位集中。特异骨格的设计，主要突出骨格本身的变化，不需要纳入任何基本形，也就是说，要在规律的骨格线和不规律的骨格线之间找关系，寻求骨格线本身特异的美。

图例见图1-89至图1-109。

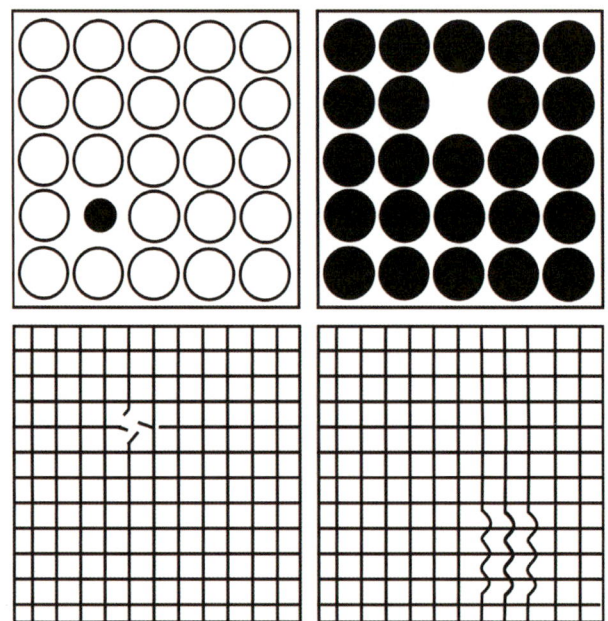

图1-89　特异骨格

图1-90　翻开的书 / 伊斯托凡·奥罗兹 / 匈牙利 / 1975

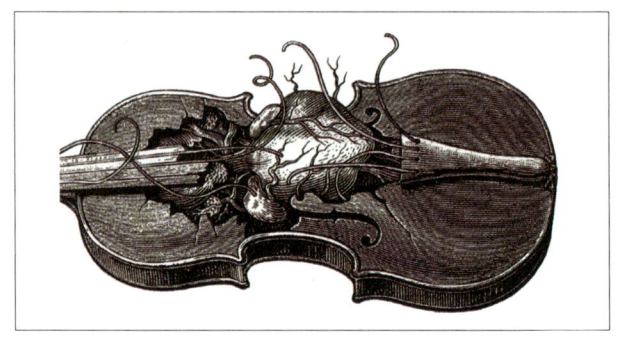

图1-91　小提琴 / 伊斯托凡·奥罗兹 / 匈牙利 / 1975

图1-92　特异练习1 / 吉林艺术学院学生作业 / 2007

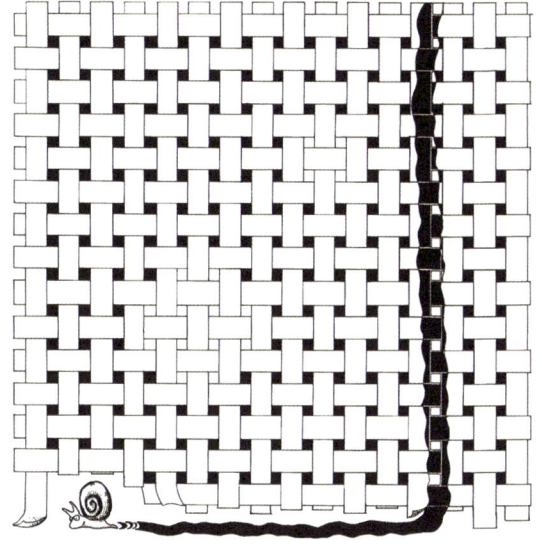

图1-93　特异练习2 / 吉林艺术学院学生作业 / 2007

043

第三节　平面构成的法则与表现形式

图1-94　特异练习3 / 赵元川 / 吉林艺术学院 / 2022

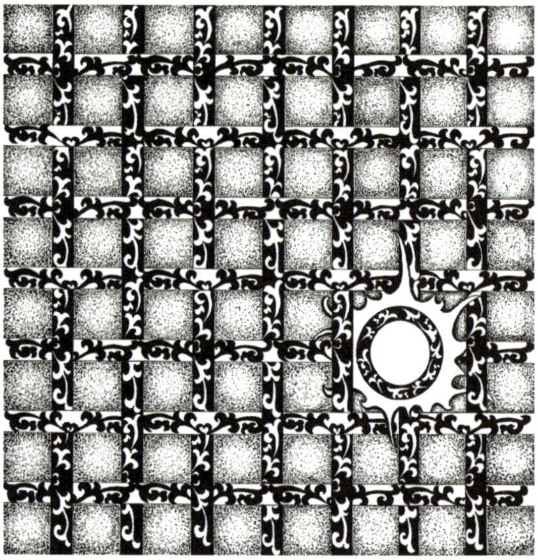

图1-95 特异练习4 / 吉林艺术学院学生作业 / 2011

图1-96 特异练习5 / 吉林艺术学院学生作业 / 2011

图1-97 特异练习6 / 吉林艺术学院学生作业 / 2010

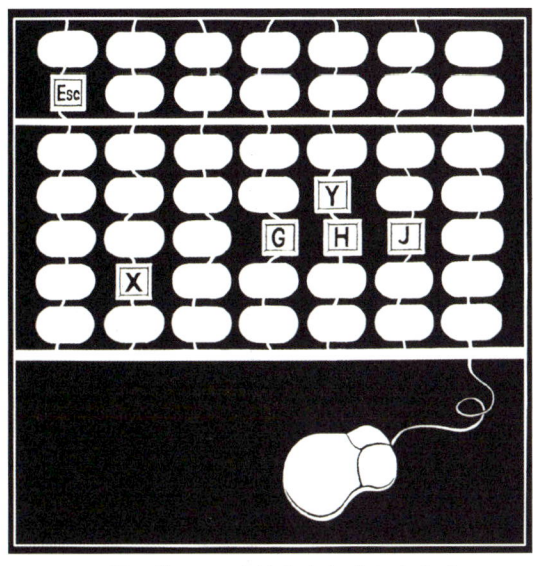
图1-98 特异练习7 / 吉林艺术学院学生作业 / 2008

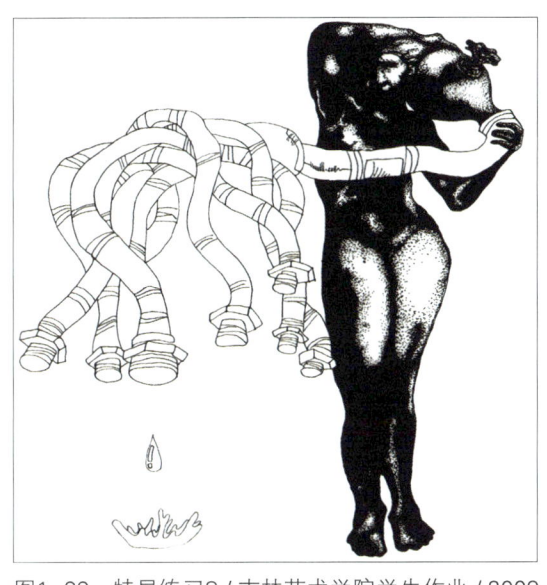
图1-99 特异练习8 / 吉林艺术学院学生作业 / 2009

第三节 平面构成的法则与表现形式

图1-100 特异练习9 / 吉林艺术学院学生作业 / 2007

图1-101　特异练习10 / 关雨萌 / 吉林动画学院 / 2022

图1-102　特异练习11 / 吉林艺术学院学生作业 / 2009

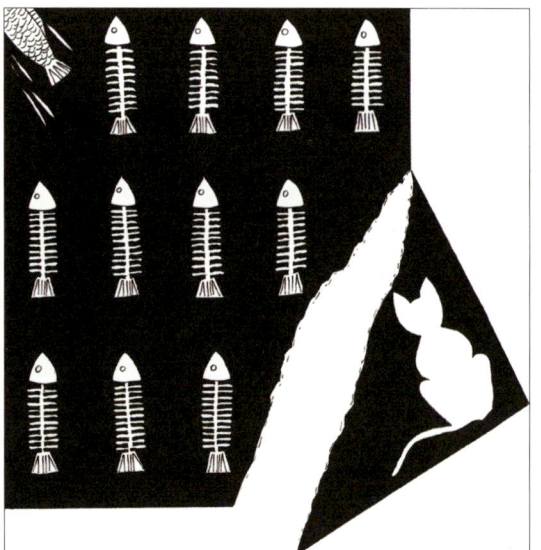

图1-103　特异练习12 / 吉林艺术学院学生作业 / 2010

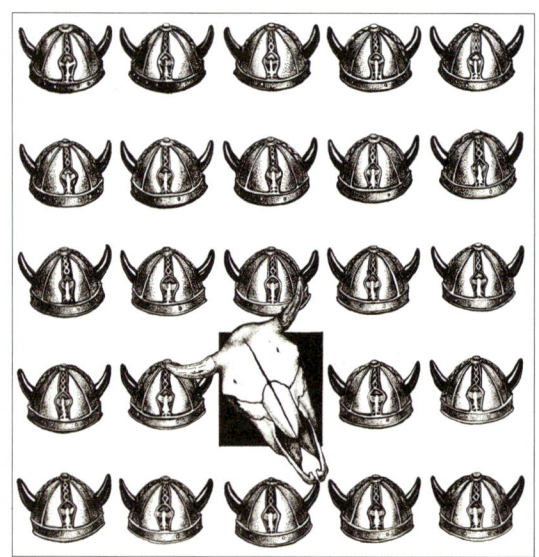

图1-104　特异练习13 / 吉林艺术学院学生作业 / 2008

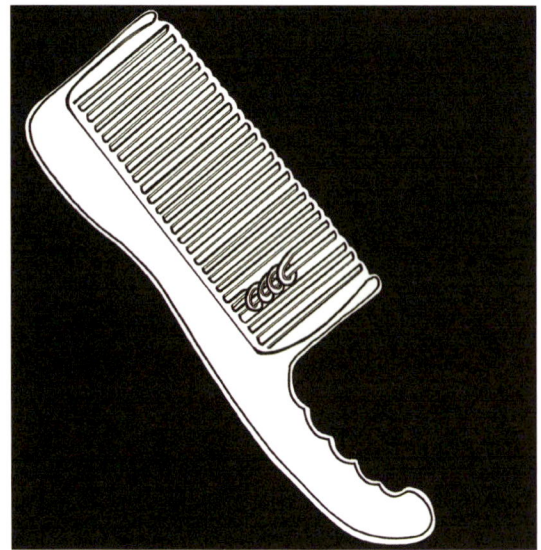

图1-105　特异练习14 / 吉林艺术学院学生作业 / 2011

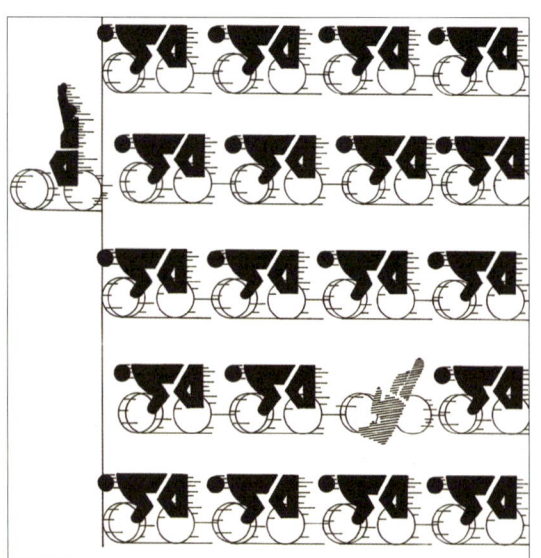

图1-106　特异练习15 / 吉林艺术学院学生作业 / 2007

图1-107 特异练习16 / 吉林艺术学院学生作业 / 2008

图1-108 特异练习17 / 吉林艺术学院学生作业 / 2009

图1-109 特异练习18 / 吉林艺术学院学生作业 / 2011

第三节 平面构成的法则与表现形式

6. 对比

大自然中到处都存在着对比的关系。任何自然形态都不会孤立地存在，它们相互依存、相互比较。协调是求近似，对比则求变异。对比是有限度的，我们在"特异"的学习中，已经明显感觉到对比的存在，虽然特异中已存在着明显的对比，但也是不失规律的差异或部分违反规律的差异。因此它们都是在相同中求不同，只是程度不同而已，这里的对比则是在不同中显示差异和近似，当然对比也是相对的、有伸缩性的。

对比不限于极端相反的情形。它可以是强烈的，也可以是轻微的；可以是模糊的，也可以是显著的；可以是简单的，也可以是复杂的，总之对比就是一种比较。如一个单独的形象无所谓大小，但与较大的相比，则显得细小；与较小的相比，则显得巨大。对比的目的还是为了取得一种美的关系，因此对比和协调不是相对立的，而是统一的，即对比与协调是一个相互依赖的整体，应在对比中求协调，协调中求对比，如同在相同中求差异、差异中求共性一样的道理。所以，要想在对比中求协调，一般在对比双方或多方应有一个因素相近相同，或者互相渗透，你中有我，我中有你，但双方各自保持独立的特征。任何基本形只要处于相异的状况，都可发生对比。如粗细、长短、大小、黑白、软硬、方圆、曲直、规则与不规则、收缩与扩张等，也就是说任何相反或相异的形状都可形成对比。

（1）对比协调的方法如下
①保留一个因素相近或相同。如方与圆形状完全不同，对比强烈，但若有一个共同的因素如都是黑色，则对比中就有了协调。
②彼此相互渗透。如甲、乙、丙三方对比强烈，但甲中有乙、丙成分，乙中有甲、丙成分，丙中有甲、乙成分，则三者协调又对比。
③利用过渡形。如在对比双方中设立兼有双方特点的中间形态，使对比在视觉上得到过渡，也可取得协调。又如黑色与白色对比强烈，再加一块灰色来协调，灰色的层次越多，对比则越柔和。

（2）对比的主要形式
①形状对比——指在相同数量的基本形中进行形状不同的对比。
②方向对比——基本形有方向的情况下，大部分的基本形方向近似或相同，少数基本形方向不同或相反。
③位置对比——基本形在画面内排列时，空间不要太对称，应注意上下、左右空间的均衡，在不对称中求得平衡为上，从中可得出多种疏密对比。
④虚实对比——虚空间与实空间的对比就是图与底的空间对比。当图少底多时，底包围图，图突出；当图多底少时，图包围底，底突出；当图底面积相等时，虚形和实形同时突出，感觉既能看到鲜明的实形，又能看到鲜明的虚形。倘若虚实形不仅面积相近，而且形状相同，则更虚实相争。虚和实是同等重要的，画黑就是画白，画白就是画黑，一般图少时，应注意图的平衡，图底相等时，应注意双方的平衡。
⑤显隐对比——基本形有显隐对比。一般基本形明度与底的明度相近或相同，则基本形隐约可见，当基本形明度高于或低于底的明度时，则基本形明显突出。显与隐同等重要，有了显隐对比，则会层次无穷。
排列中将以上几项对比都注意到，则会取得良好效果。
⑥肌理对比——指在任何形象中作视觉肌理不同的对比。

图例见图1-110至图1-119。

图1-110　对比练习1 / 吉林艺术学院学生作业 / 2011

图1-111　对比练习2 / 吉林艺术学院学生作业 / 2017

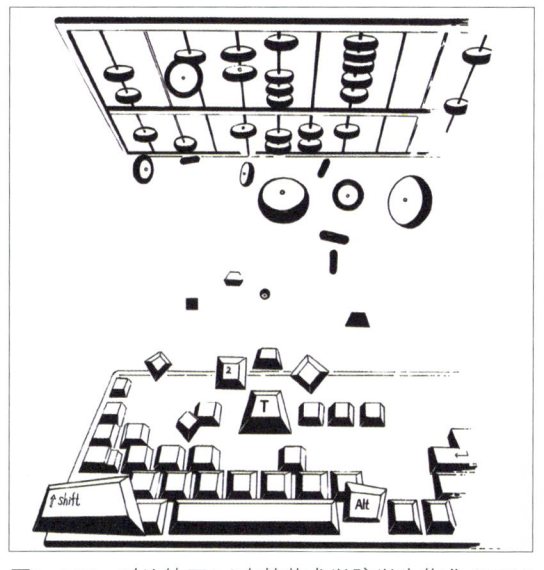

图1-112　对比练习3 / 吉林艺术学院学生作业 / 2011

图1-113　对比练习4 / 吉林艺术学院学生作业 / 2011

第三节　平面构成的法则与表现形式

图1-114 对比练习5 / 吉林艺术学院学生作业 / 2011

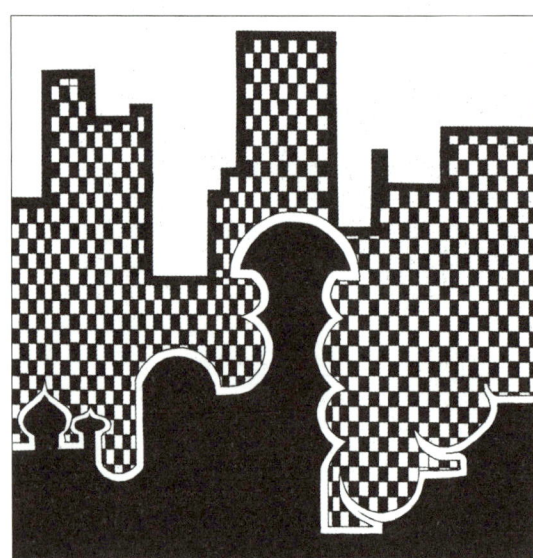

图1-115 对比练习6 / 吉林艺术学院学生作业 / 2011

图1-116 对比练习7 / 吉林艺术学院学生作业 / 2011

图1-117 对比练习8 / 吉林艺术学院学生作业 / 2017

图1-118 对比练习9 / 吉林艺术学院学生作业 / 2011

第三节 平面构成的法则与表现形式

图1-119 对比练习10 / 吉林艺术学院学生作业 / 2011

7. 密集

密集构成是对基本形的一种组织编排方法，基本形在设计框架内，可以自由散布。有时稀疏，有时浓密，很不均匀，又无规律性，这种处理为密集。其基本形可重复、近似或渐变，追求疏密的节奏。凝聚、分散、排斥、吸引是物质的本性，它构成物质的内力，引起密集的运动变化。密集是一种运动方式，它可以体现疏与密、实与虚、松与紧的对比关系，并带有明确的节奏感和韵律感。在我们的生活中，密集的现象有很多，如山上的树木、天上的白云等。密集的形态需要一定数量、方向的移动变化，常带有从集中到消散的渐移现象。在密集的构图中，可使基本形之间产生覆叠、重叠、透叠等变化，以加强构成中基本形的空间感。

（1）密集骨格的形式

密集和对比一样没有骨格线，是一种非规律性的结构，但密集有引力点，引力点有能力将自由散布的基本形控制在一起，不至于散乱无序。

①向点密集：所有的基本形向一点凝聚，或从一点扩散，倘若向两点密集则有主次。
②向线密集：设计中有预置隐晦的线，基本形向此线密集。
③向基本形密集：设计中预置隐晦的形状，形成了向某个形状密集，其形状规则或不规则均可。
④自由密集：没有预定的形状作引力，只有无形的气流作遥控，注重气脉和节奏的变化、疏与密的分布、以及开与合的组织。
⑤联合其他有规律的骨格密集：在规律性的骨格中，一部分保持原有严谨的秩序，而另一部分骨格单位管辖的基本形发生位置变动并形成密集，便可形成特殊的疏密对比和紧凑的结构。

（2）密集的基本形

密集会使数量颇多的基本形形成疏密的焦点，所以基本形面积要小，才能有密集的效果。基本形的形状可重复、近似或渐变，不宜太杂。总之，形状不要繁，数量不要少，不然就形成了对比，而不是密集。密集主要突出基本形排列的动向和疏密，而基本形本身只是从属的。

图例见图1-120至图1-133。

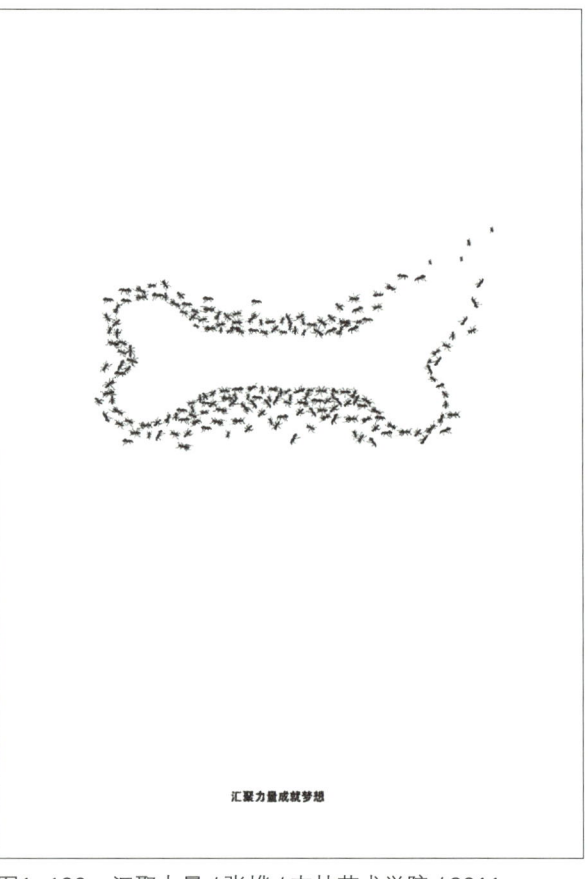

图1-120　汇聚力量 / 张烨 / 吉林艺术学院 / 2011

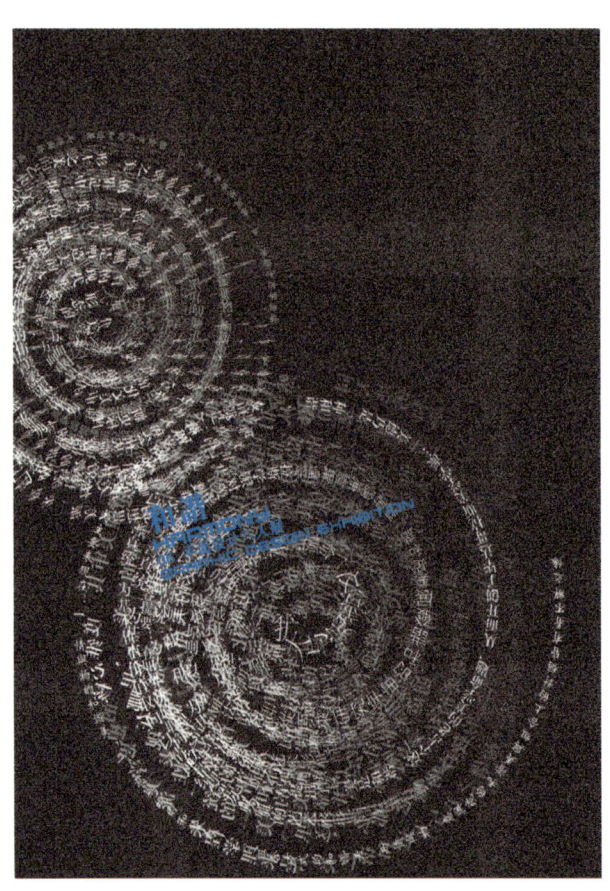

图1-121　和谐 / 修智英 / 吉林建筑工程学院 / 2006

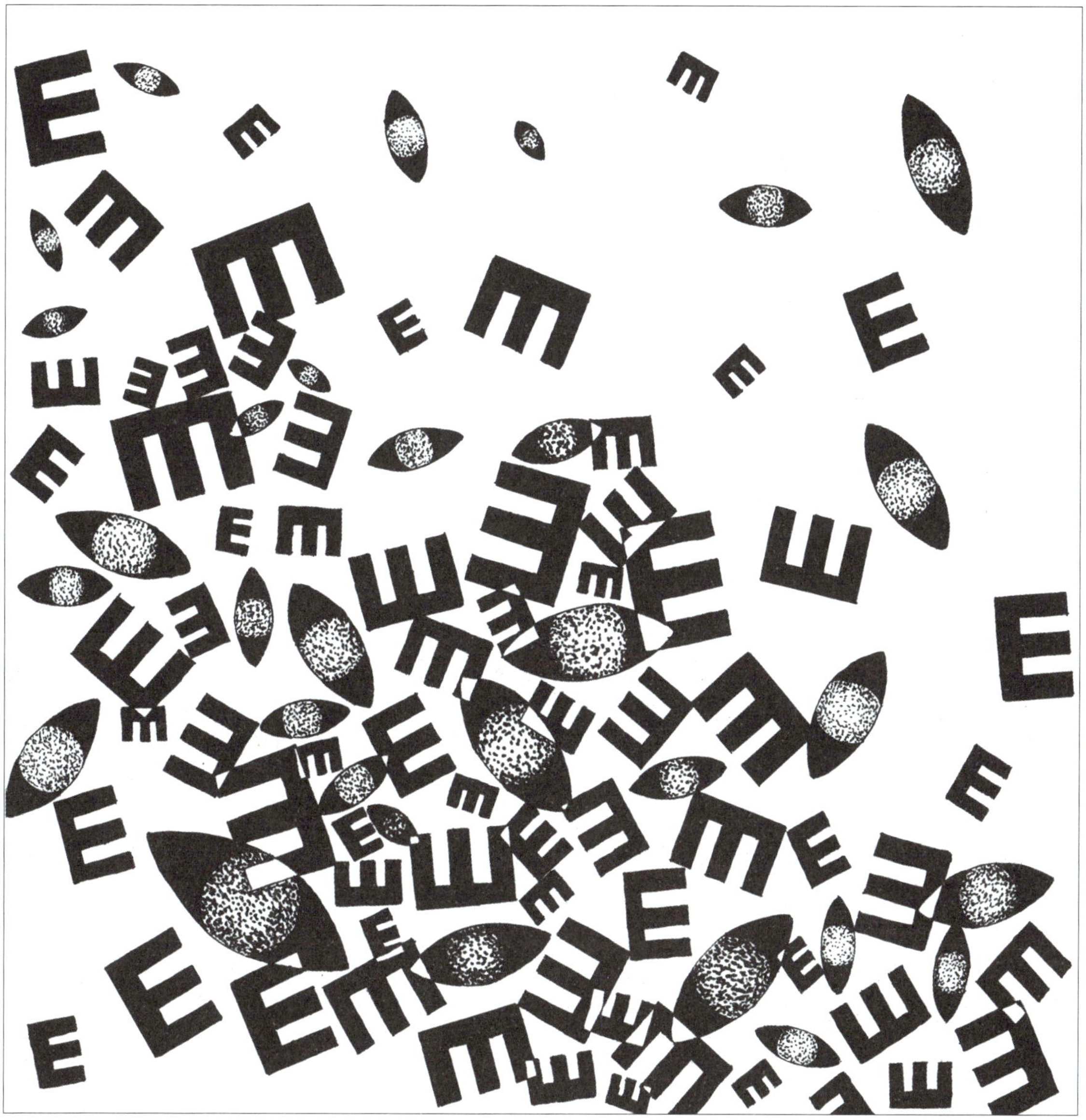

图1-122　密集练习1 / 吉林艺术学院学生作业 / 2008

图1-123　密集练习2 / 吉林艺术学院学生作业 / 2018

图1-124　密集练习3 / 吉林艺术学院学生作业 / 2010

第三节　平面构成的法则与表现形式

图1-125 密集练习4 / 关雨萌 / 吉林动画学院 / 2022

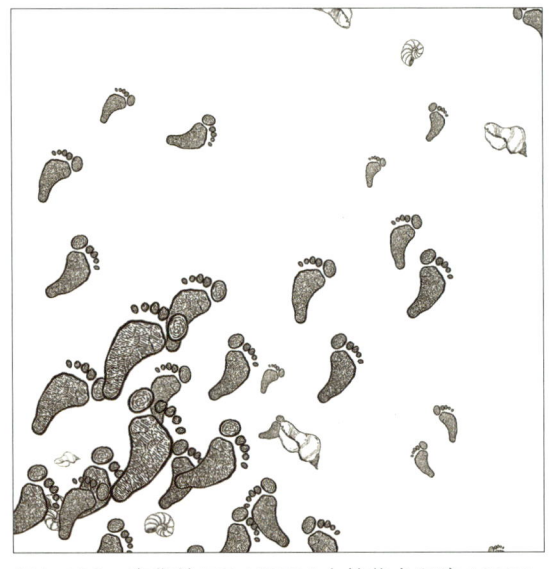

图1-126 密集练习5 / 罗雯 / 吉林艺术学院 / 2022

图1-127 密集练习6 / 吉林艺术学院学生作业 / 2009

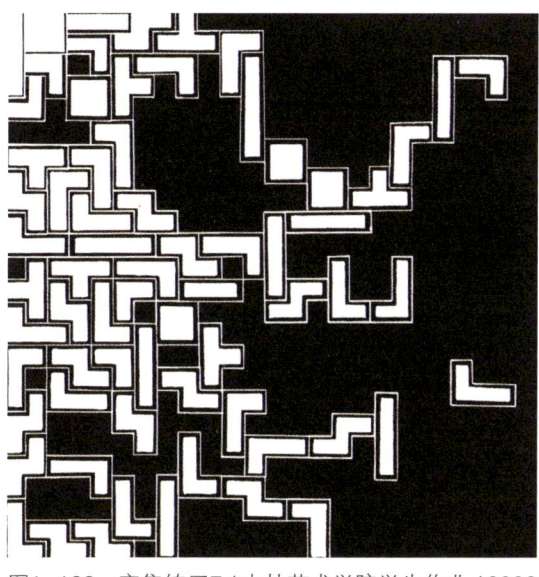

图1-128 密集练习7 / 吉林艺术学院学生作业 / 2006

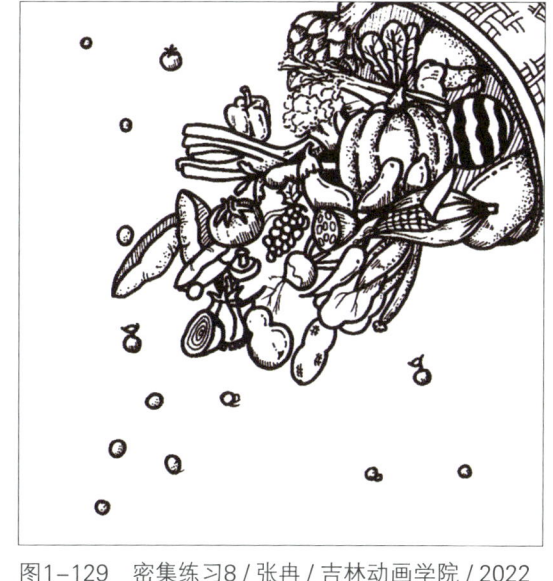

图1-129 密集练习8 / 张冉 / 吉林动画学院 / 2022

图1-130 密集练习9 / 吉林艺术学院学生作业 / 2006

图1-131 密集练习10 / 吉林艺术学院学生作业 / 2007

图1-132 密集练习11 / 张冉 / 吉林动画学院 / 2022

图1-133 密集练习12 / 吉林艺术学院学生作业 / 2009

第三节 平面构成的法则与表现形式

8. 肌理

肌理是形象表面的组织纹理结构，任何形象都有表面，任何表面都有特征，即各种纵横交错、凹凸不平、或粗糙或平滑的纹理变化。就设计的形式因素而言，肌理一方面作为材料的表现形式而被人们所感受，另一方面则通过先进的工艺手法被创造。不同的材质、工艺手法可以产生各种不同的肌理效果，并能创造出丰富的视觉形象。

肌理的表现技法是多种多样的，各种类别的笔能画出各种独特的肌理痕迹，也可用喷、洒、擦、染、淋、浸、熏炙、拓印、剪刮等手法制作肌理效果。还有很多的材料可以用，如木头、石头、玻璃、布料、海绵、纸张、颜料、食盐、化学制剂等。

视觉肌理制作的主要表现技法如下。

①绘写法：用各种笔进行自由绘写或规律绘写都可形成精美的肌理。
②拓印法：将一个凹凸不平的物体表面的纹理印在另一个平面上。
③熏炙法：用火熏烧纸张表面，使纸的表面产生一种仿旧的自然纹理。
④刻刮法：刮、撕或铲去物体表面的部分或底，形成斑痕。
⑤着蜡法：在纸上部分着蜡，然后全部涂上颜料，使着蜡的部分不上色。
⑥拼贴法：将各种纸张、报纸、图片或布块等分割后粘贴于同一平面。
⑦自流法：将颜料滴在光滑的纸上，让颜料自由流淌或用气吹，形成纹理。
⑧揉纸法：将质地韧性较好的纸拧、捏、揉成各种形状，再将纸平展开，着色，完成后将纸裱平。

构成中还可利用现成的肌理材料，也可以将肌理材料经过改造，形成与原来不一样的肌理。如布满锤痕的金属片、布满针孔或压痕的纸、刻雕过的木片，都有新的肌理趣味。还可进行肌理的重新组织，如以细小或化作碎片的材料，形成新的肌理表面，如种子、豆类、沙粒等排列起来即可形成新的肌理效果。

图例见图1-134至图1-142。

图1-134　节能减排 / 梁宇 / 吉林艺术学院 / 2011

图1-135　创意无限 / 张烨 / 吉林艺术学院 / 2011

肌理视频 / 胡馨木 全晶文 / 吉林艺术学院

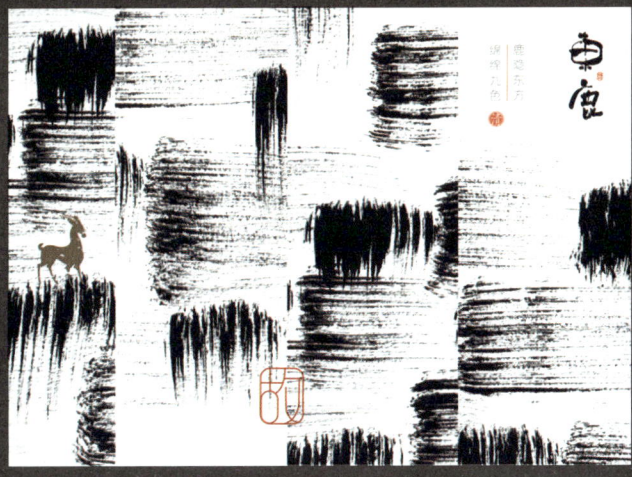

图1-136　東鹿品牌水墨肌理的表现／薛峰／淞岚间设计／2021

第三节　平面构成的法则与表现形式

第一章 概念与法则

图1-137　编织肌理 / 吉林艺术学院学生作业 / 2006

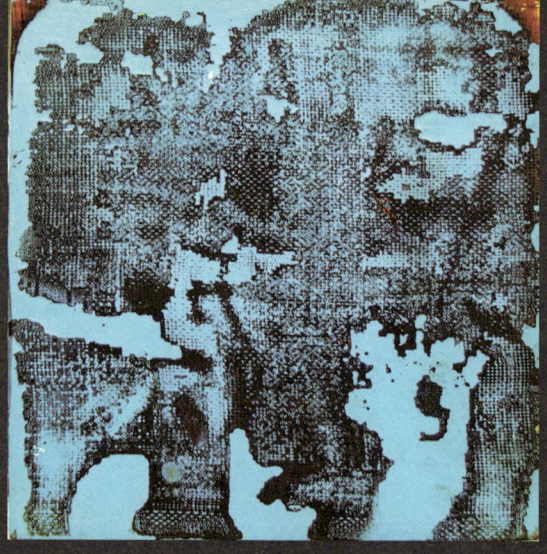

图1-138　漆画肌理1 / 吉林艺术学院学生作业 / 2007

图1-139　漆画肌理2 / 吉林艺术学院学生作业 / 2006

图1-140　漆画肌理3 / 吉林艺术学院学生作业 / 2006

图1-141　漆画肌理4 / 吉林艺术学院学生作业 / 2006

图1-142　漆画肌理5 / 吉林艺术学院学生作业 / 2006

第二章

构成形态与训练

第一节　项目一
平面形态构成与作品设计

第二节　项目二
空间形态构成与作品设计

第三节　项目三
数字形态构成与作品设计

第二章　构成形态与训练

这一章主要是构成形态的训练过程，共三个项目，分别是平面形态构成、空间形态构成、数字形态构成，在项目中系统地介绍了平面构成的设计案例、知识点及课堂练习的方法，其中的案例大部分都是学生们的课堂习作，这些作品源于学生们对生活的感悟和对设计的思考，有的在使用绘图工具进行徒手绘制，也有的按要求使用数字化手段进行创作。想象力是设计的核心力量，创意是无极限的。同学们在学习时要学会设计的多种方法，要不断挑战自己，避免沉浸在单纯的技术性与知识点的套用中。

第一节　项目一　平面形态构成与作品设计

此项目主要以平面形态构成的形式为主，其中部分作品是一些设计大赛的获奖作品。作为平面构成最直观的应用作品，这些例子的选用能够充分地诠释构成的原理。

一、课程要求

训练目的： 1. 训练学生形象思维与逻辑思维相结合的能力。
2. 训练学生掌握不同的观察方法，打破固有的观察角度去体会和分析，然后对观察的结果进行提炼、创造、重构。
3. 对于特定的主题进行创作，深入挖掘存在于事物表象之下未知的一面，从其各方面特性入手，进行分析、解构，挖掘视觉语言的广度、深度，充分发挥想象，进行全新的创造，使平面构成从理论转化到实践中并得以应用。

项目时间： 28课时

作业要求： 作业一：将生活中的图片进行抽象整理，加工形成基本形，通过相接、联合、分离、重叠、减缺、透叠、差叠、接触等手法复合成新颖别致的形象，并有机地进行主次虚实的处理和创新性的群化组合。
数量：8个组合形象，黑白、彩色不限。
作业二：分解与重构，选择日常生活中我们熟悉的物体，如食品、五金工具、电子产品等，提炼出10个不同的侧面，然后利用打散后的形态重新构成10个新的形象（具象、抽象均可）。
数量：10个组合形象，黑白、彩色不限。
作业三：读一篇文章或一本书，也可以听一曲音乐，再用构成的手法表达其含意。用具有视觉表现力的图像表达个人感受，可以用准确的、直白的、隐喻的、幽默的表现手法。
数量：4张，黑白、彩色不限。

相关作业： 结合平面构成的形式设计一幅招贴作品。

二、设计案例

1. 招贴设计中点、线、面的形态表现

在招贴设计中，重点是培养学生在平面设计中对基本视觉元素的认知能力、分析能力、构想能力、表现能力及创造能力，力求在构成元素与形式美法则之间，多角度地思考元素与招贴设计之间的关系，训练符合平面设计需要的思维方式和表现能力。

2. 形态表现与内涵拓展

图2-1海报设计作品中的文字由代表中国传统园林之窗的几何形态为底色呈现，同时也是点、线、面的形态表现，图形中留给受众无限想象的空间，同时也体现了活动主题。该作品在中国传统文化精髓的基础上进行想象与创造，具有无限的拓展性。

图2-2运用构成元素中最基本的元素点、线、面来构成画面，块面的分解与组合中蕴含着四个字"平面8（捌）人"，四幅画面中分别用了点、线、面的形态，采用了重复、渐变、特异、空间等综合的构成手法表达了"8人"平面设计作品展的主题内涵。

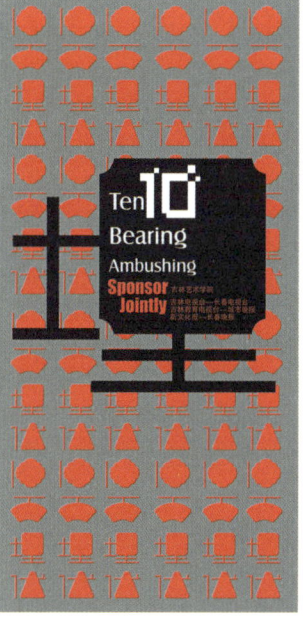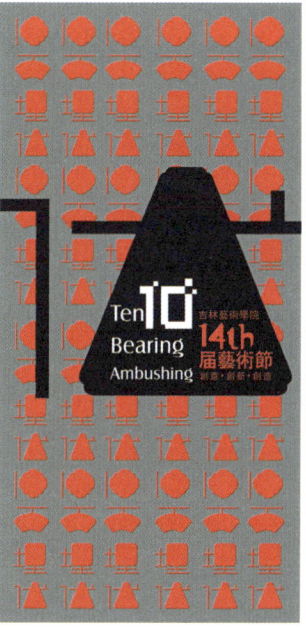

图2-1 "十面埋伏"主题招贴 / 吴轶博 / 吉林艺术学院 / 2009

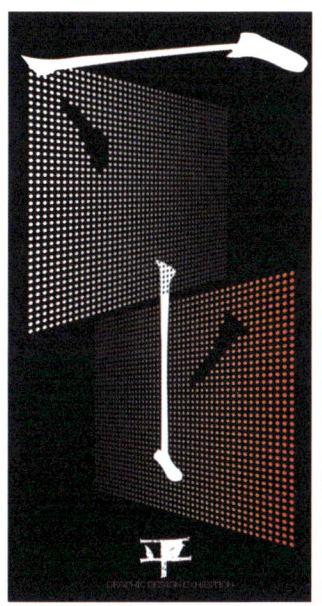

图2-2 "平面捌人展"主题招贴 / 吴轶博 / 吉林艺术学院 / 2009

图2-3至图2-6是"2013中国之星设计艺术大奖"招贴设计方案，运用点线面的构成元素，经过排列组合，形成统一且完整的画面语言。

图2-7、图2-8这两幅招贴设计采用了点的构成方式及色彩渐变的表现形式。

图2-9、图2-10运用点和线的构成，表现了大海和沙漠的意象图形。

图2-3　招贴设计1 / 曹阡 / 2013

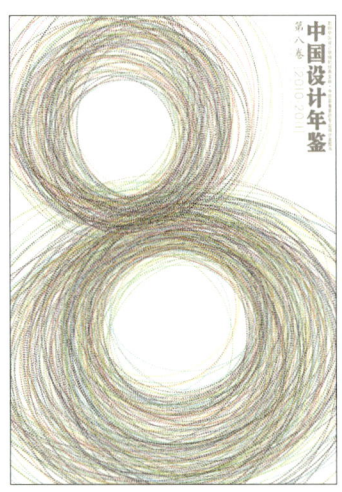

图2-4　招贴设计2 / 皮艺舟 / 2013

图2-5　招贴设计3 / 枯木 / 2013

图2-6　招贴设计4 / 田佳 / 2013

图2-7 海峡两岸作品交流展招贴1 / 崔艳秋 / 2012

图2-8 海峡两岸作品交流展招贴2 / 崔艳秋 / 2012

图2-9 海峡两岸作品交流展招贴3 / 吴茗 / 2012

图2-10 海峡两岸作品交流展招贴4 / 吴茗 / 2012

第一节 项目一 平面形态构成与作品设计

三、知识点

1. 生活中的点、线、面

将生活中我们所收集到的所有自然形态归纳为抽象形态——点、线、面，在二维的平面内按照一定的秩序和形式美法则进行提炼、分解，重构成新的形态。在构成中强调形态之间的比例、平衡、对比、和谐、节奏等变化，使新的图形给人以视觉美感。

发现、感受、收集生活中与点、线、面有关的资料，进行整理加工形成基本形，然后重新创造和构成新的画面。在大千世界中，有许多事物需要我们去感受、发现与捕捉，通过这些收集与拍摄的图像，我们再进行规律性的提炼及抽象训练，逐步掌握平面构成的规律。

就一张图片而言，不同的观察视角能处理出各种不同的画面效果，通过各种训练，形象思维能得到不断的拓展，处理各种画面的表现技巧与能力也将提升。

（1）表现元素的提炼

利用选择的图片进行构成元素的提炼，将元素进行点、线、面的处理，根据画面的需要可增减其他表现元素，用构成的基本元素通过规律性的提炼及抽象处理构成新画面。

如图2-11、图2-12，对英国伦敦塔桥进行面的简化处理，不同体积的面给人以生动、厚实的视觉效果，近大远小也使两座桥体空间感十足。

图2-13至图2-18，都是对实景图像原主体物进行提取，强化形象特征，使基本形更加突出，充满想象力。

（2）表现元素的转换

图2-19、图2-20黑白色块规则的排列组合，使画面具有平稳、理性的视觉效果。延展处理的空间效果使窗外的楼房更具吸引力。

图2-21至图2-30通过原图像进行线与面的抽象元素的转换，将具有多层次元素的画面转换为二维表现形式，用简约的表现语言构成了全新的同构图形，并赋予了图形全新的内涵，使主题得到升华。

图2-11　英国伦敦塔桥实景图像 / 佚名

图2-12　桥 / 郑雪莉 / 吉林艺术学院 / 2012

图2-13　植物实景图像

图2-14　植物构成图像 / 郭星 / 吉林艺术学院 / 2021

图2-15　建筑实景图像

图2-16　建筑构成图像 / 杨越 / 吉林艺术学院 / 2021

图2-17　冰花实景图像

图2-18　冰花构成图像 / 崔恩美 / 吉林艺术学院 / 2020

第一节　项目一　平面形态构成与作品设计

图2-19　风景实景图像

图2-20　屋内光线 / 王佳妮 / 吉林艺术学院 / 2020

图2-21　大鱼实景图像

图2-22　大鱼构成图像 / 丁典 / 吉林艺术学院 / 2021

图2-23　汽车实景图像

图2-24　汽车构成图像 / 刘云起 / 吉林艺术学院 / 2021

图2-25 桌椅实景图像

图2-26 桌椅构成图像 / 李慧如 / 吉林艺术学院 / 2016

图2-27 建筑实景图像

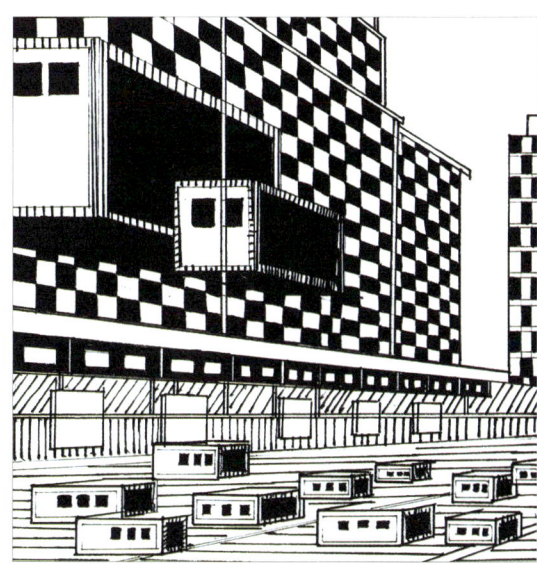
图2-28 塔楼构成图像 / 杨泽 / 吉林艺术学院 / 2021

图2-29 陶艺实景图像

图2-30 陶艺构成图像 / 杨雨萍 / 吉林艺术学院 / 2021

第一节 项目一 平面形态构成与作品设计

2. 提炼与重构

对日常器物和生活现象进行观察分析的综合能力是进行设计创意的基础，在分析中找到器物的材质组成及物品在实际使用中的明确特征，对所看到的事物进行归纳总结，才能从中找到设计可以发挥的机会，进行新的构成，并赋予作品新的含意。要善于在生活中寻找和提炼创作元素然后进行图形的重构，但在变化中要考虑原图的结构和材质，不管如何变化都不要失去综合、统一、和谐的变化规律。

（1）形态的提炼

图2-32、图2-33、图2-35、图2-36通过对摄影作品中瓢虫（图2-31）和鸟笼（图2-34）的观察与分析，提炼出点线面元素，并进行黑白关系或者线条粗细的对比，重构形成具有空间感的画面。

图2-37至图2-42都是在形态的提炼练习中充分利用点线面元素来综合构成的范例。

图2-31 瓢虫实景图像

图2-32 瓢虫构成图像1 / 刘璐 / 吉林艺术学院 / 2018

图2-33 瓢虫构成图像2 / 刘璐 / 吉林艺术学院 / 2018

图2-34 鸟笼实景图像

图2-35 鸟笼构成图像1 / 陆鑫柯 / 吉林艺术学院 / 2021

图2-36 鸟笼构成图像2 / 陆鑫柯 / 吉林艺术学院 / 2021

图2-37 静物摄影1

图2-38 "时间"构成图像 / 齐丹君 / 吉林艺术学院 / 2012

图2-39 静物摄影2

图2-40 "看时间流逝"构成图像 / 向宜昆 / 吉林艺术学院 / 2012

图2-41 静物摄影3

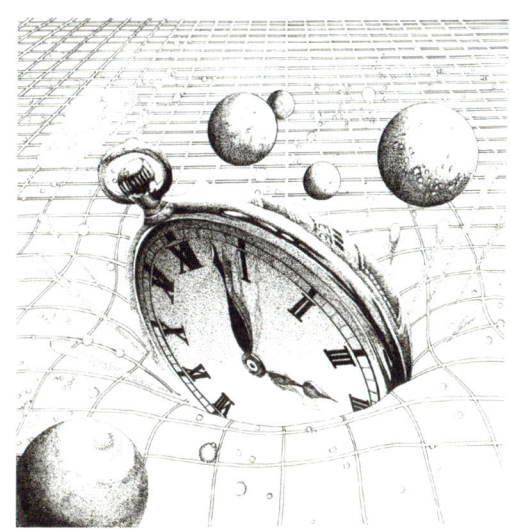

图2-42 "时间"构成图像 / 吉林艺术学院学生作业 / 2012

第一节 项目一 平面形态构成与作品设计

（2）形态的重构

图2-44将单体事物（图2-43）提炼出明确的特点，利用重复的规律进行有节奏感的变化，由中心点进行发散，形成全新的画面。

图2-46通过重复的方式将图2-45中的几何形态进行提炼和重组，运用添加的方法增强画面的空间感和整体布局。

图2-48通过对图2-47中具象事物的抽象提炼，进行重复的变化，使画面构成具有新的秩序感。

总之，形态的重构组合方式要巧妙，提取具有典型特征的元素来重构。（图2-49至图2-54）

图2-43　静物摄影4

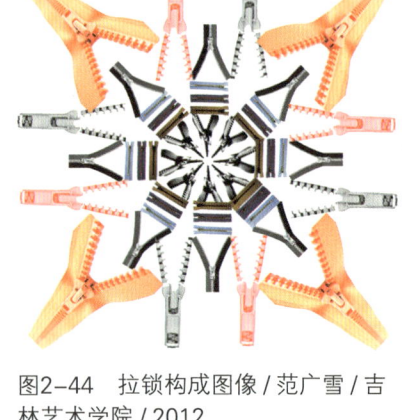

图2-44　拉锁构成图像 / 范广雪 / 吉林艺术学院 / 2012

图2-45　静物摄影5

图2-46　"无钥匙的锁"构成图像 / 毛迪 / 吉林艺术学院 / 2012

图2-47　静物摄影6

图2-48　"生活"构成图像 / 范广雪 / 吉林艺术学院 / 2012

图2-49 水龙头

图2-50 "迷局"构成图像 / 田佳璇 / 吉林艺术学院 / 2012

图2-51 铁丝网

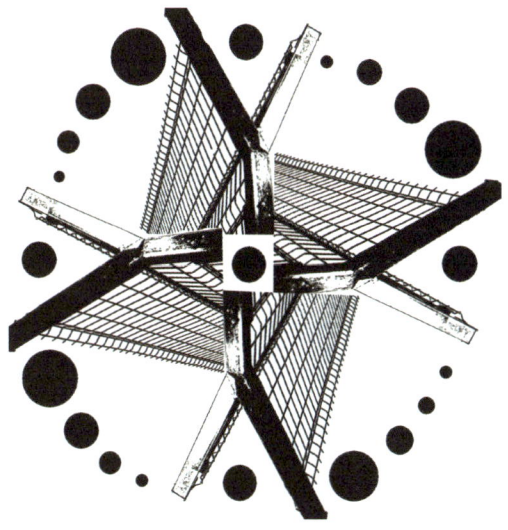

图2-52 "旋转"构成图像 / 张建行 / 吉林艺术学院 / 2012

图2-53 楼顶的瓦片

图2-54 "鱼"构成图像 / 王倩薇 / 吉林艺术学院 / 2012

第一节 项目一 平面形态构成与作品设计

3. 基本形的复合

将生活中的图片进行抽象加工,形成基本形,并对基本形进行复合,赋予其多样的变化形式。如通过接触、联合、分离、重叠、减缺、差叠、透叠、覆叠等手法复合成新颖别致的形象,以此提升对生活中具象事物与图像抽象处理的能力。

基本形的选择要清晰、简练,如图2-55,具有较大动势的人物来处理,使作品具有较强的动感。作品在制作中脱离了单纯的定义,复合手法新颖、整齐、有序,重合作品在处理后产生强烈的节奏感、韵律感和透视感,使作品具有很强的张力。

图2-55　Dance舞动领域复合 / 庞宇静 / 吉林艺术学院 / 2013

四、课堂训练

1. 点线面的练习

该部分的作业是点线面的综合练习,重点是点线面的语义表现。人的感情与心理反应对形态的感受是能产生重要作用的,不同的情感意念能赋予作品中图形表现的不同意义。用构成的基本元素点线面去分析归纳具体形态的内在结构关系,用简化处理手法去概括、分解、重构,把具象形态简化处理为点、线、面或简练的抽象符号,仍能保留具象形态的特征和精神。(图2-56-图2-75)

图2-56　点线面的练习1 / 李坪霏 / 吉林艺术学院 / 1998

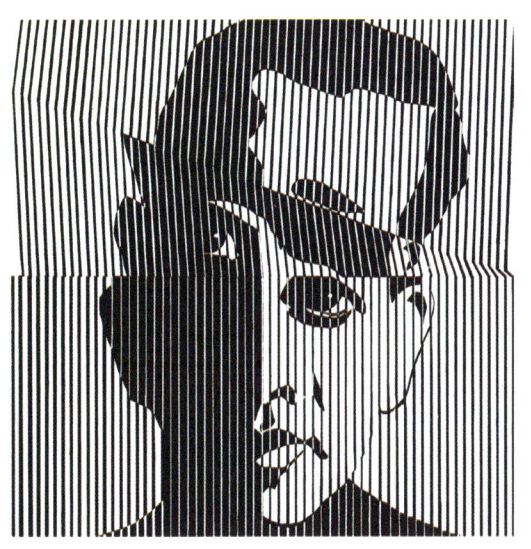

图2-57　点线面的练习2 / 吉林艺术学院学生作业 / 2007

图2-58　点线面练习3 / 郭爽 / 吉林艺术学院 / 2013

图2-59　点线面的练习4 / 吉林艺术学院学生作业 / 2007

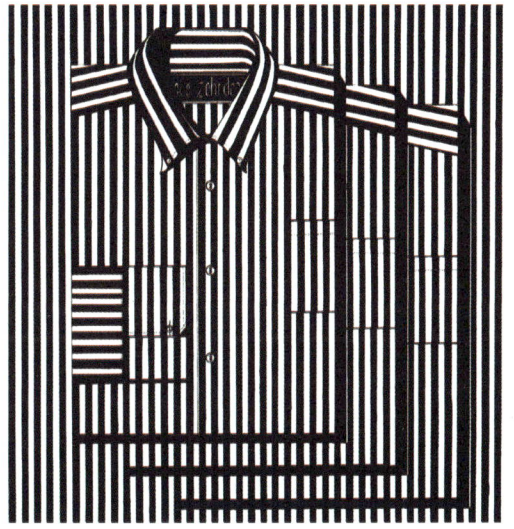

图2-60　点线面的练习5 / 吉林艺术学院学生作业 / 2007

图2-61 点线面的练习6 / 吉林艺术学院学生课堂作业 / 2006

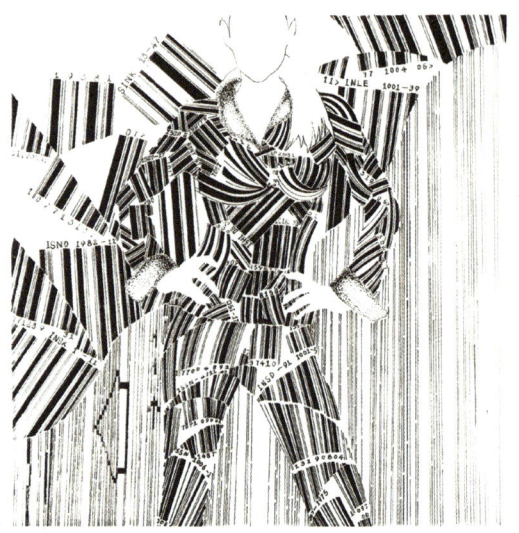

图2-62 点线面的练习7 / 吉林艺术学院学生作业 / 2007

图2-63 点线面的练习8 / 鄂明达 / 吉林艺术学院 / 2005

图2-64 点线面的练习9 / 李帅 / 吉林艺术学院 / 2011

图2-65 点线面的练习10 / 吉林艺术学院学生作业 / 2006

图2-66 点线面的练习11 / 吉林艺术学院学生作业 / 2006

图2-67 点线面的练习12 / 任靖石 / 吉林艺术学院 / 2011

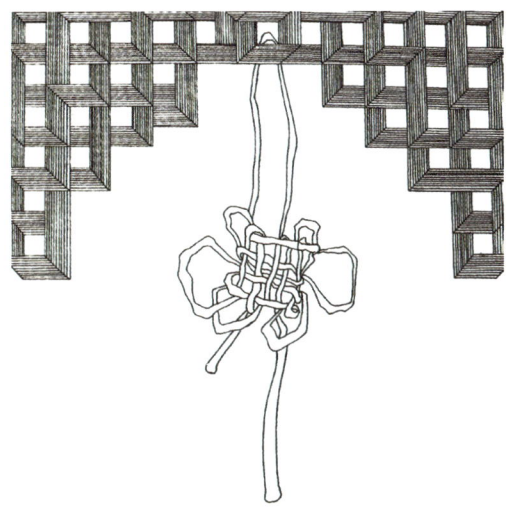
图2-68 点线面的练习13 / 李娜 / 吉林艺术学院 / 2005

图2-69 点线面的练习14 / 吉林艺术学院学生作业 / 2006

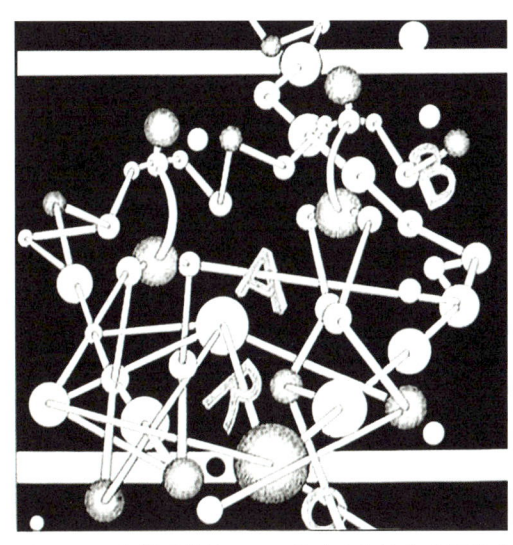
图2-70 点线面的练习15 / 徐欢 / 吉林艺术学院 / 2006

图2-71 点线面的练习16 / 吉林艺术学院学生作业 / 2006

图2-72 点线面的练习17 / 吉林艺术学院学生作业 / 2006

第一节 项目一 平面形态构成与作品设计

图2-73 点线面练习18 / 郭爽 / 吉林艺术学院 / 2013

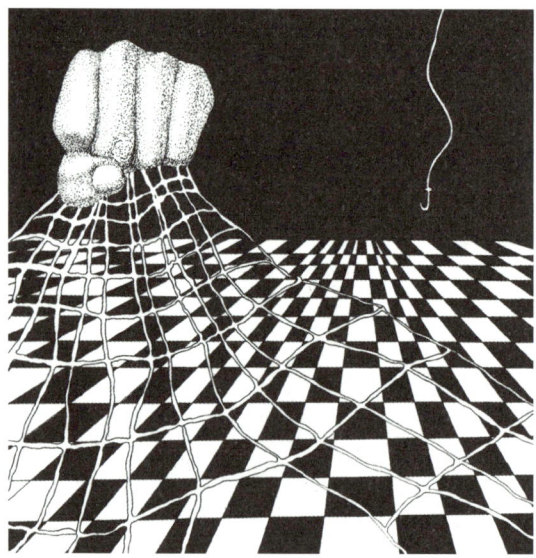

图2-74 点线面的练习19 / 吉林艺术学院学生作业 / 2011

图2-75 点线面练习20 / 徐心雨 / 吉林艺术学院 / 2013

2. 形态构成练习

选择日常生活中我们熟悉的生活用品和易于拆解的物体，如食品、文具、五金工具、电子产品等，将拆解后的物体提炼出来，利用打散后的形态构成新的形象。用分解与重构的方法有助于使设计者发挥创意来表现各种感觉、梦想、需求和欲望等。图2-76至图2-81通过对事物全方位的观察，抽象地提取不同的元素，运用重复、节奏、疏密等构成规律进行重新组合变形，形成充满奇妙视觉效果但又极具秩序感的画面。

图2-76 花瓶

图2-79 书

图2-77 "花瓶"构成图像 / 刘怡蔓 / 吉林艺术学院 / 2018

图2-80 "书"构成图像 / 刘璐 / 吉林艺术学院 / 2018

图2-78 "花瓶"构成图像 / 刘怡蔓 / 吉林艺术学院 / 2018

图2-81 "书"构成图像 / 刘璐 / 吉林艺术学院 / 2018

图2-82 雕塑"胜利之吻"

以图2-82为灵感来源,在不改变其原形态基本特征的前提下进行夸张、概括,通过再创作,用几何形态进行组合,使元素具有了新的语言特征,形成新的潮玩造型,对原始素材进行异化加工,让两个角色有了冲突,很童话,很矛盾,又很和谐(图2-83至图2-86)。人类大脑模型(图2-87)通过形象思维、夸张变形设计成潮玩作品(图2-88、图2-89),从材质、色彩到打散重构的变化,使其从具象到抽象,转变着人们的各种认知。以鲸鱼和河豚(图2-90)的形象为构成灵感,将图像处理为图形元素,再创作出可爱的潮玩造型,形成新的语言符号,如图2-91、图2-92。将三维转换成二维,从平面转换成文创产品的应用,这些都是构成形态的衍生品。图2-93至图2-122是学生进行点线面和矛盾空间练习的优秀案例及其应用效果。

图2-83 "世纪之吻"主题潮玩 / 鲍永亮 / 吉林艺术学院 / 2018

图2-84 "世纪之吻"主题潮玩 / 鲍永亮 / 吉林艺术学院 / 2018

图2-85 "世纪之吻"潮玩构成图像1 / 张书宁 / 吉林艺术学院 / 2021

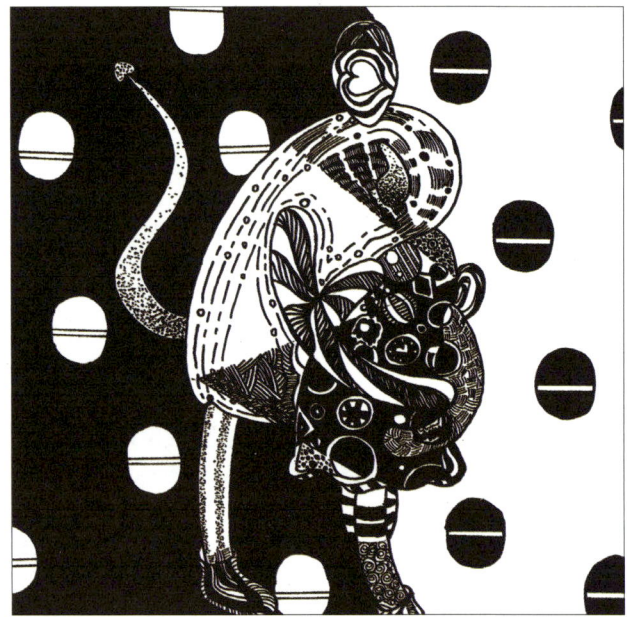

图2-86 "世纪之吻"潮玩构成图像2 / 姜晓凡 / 吉林艺术学院 / 2021

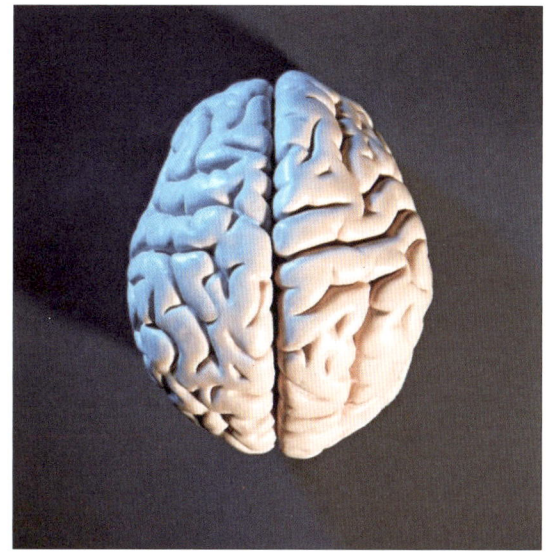

图2-87 人类大脑模型

图2-90 河豚

图2-88 Thinking潮玩 / 王少烨 / 吉林动画学院 / 2021

图2-91 小方潮玩 / 王少烨 / 吉林动画学院 / 2021

图2-89 潮玩重构1 / 张书宁 / 吉林艺术学院 / 2021

图2-92 潮玩重构2 / 姜晓凡 / 吉林艺术学院 / 2021

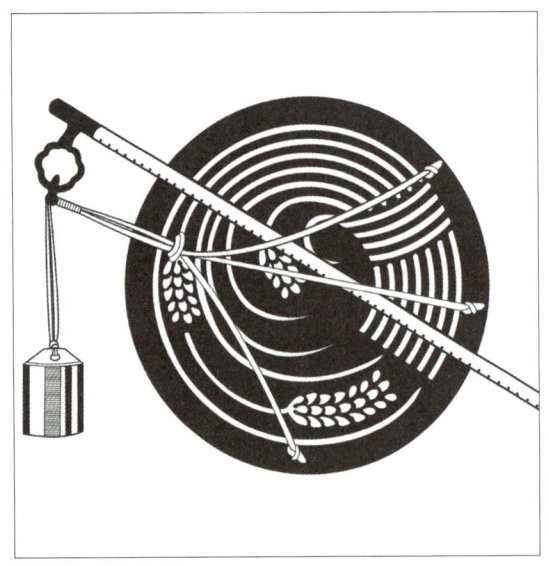

图2-93 点线面的练习1 / 杜兴昱 / 吉林艺术学院

图2-94 作品应用1 / 杜兴昱 张书宁 / 吉林艺术学院

图2-95 点线面的练习2 / 龚雪珂 / 吉林艺术学院

图2-96 作品应用2 / 龚雪珂 张书宁 / 吉林艺术学院

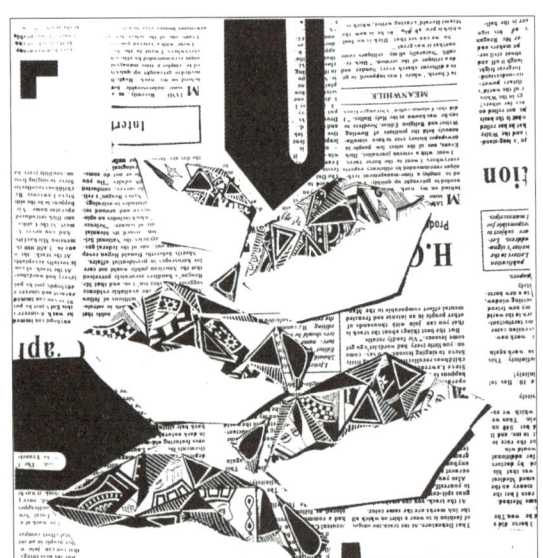

图2-97 点线面的练习3 / 孙浩铭 / 吉林艺术学院

图2-98 作品应用3 / 孙浩铭 张书宁 / 吉林艺术学院

图2-99 点线面的练习4 / 玄力花 / 吉林艺术学院

图2-100 作品应用4 / 玄力花 张书宁 / 吉林艺术学院

图2-101 点线面的练习5 / 裴星实 / 吉林艺术学院

图2-102 作品应用5 / 裴星实 / 吉林艺术学院

图2-103 点线面的练习6 / 白道日娜 / 吉林艺术学院

图2-104 作品应用6 / 白道日娜 张书宁 / 吉林艺术学院

第一节 项目一 平面形态构成与作品设计

图2-105　点线面的练习7 / 李文婷 / 吉林艺术学院

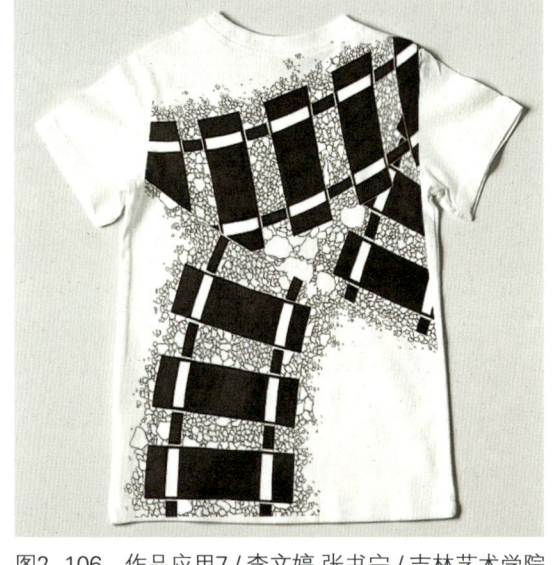

图2-106　作品应用7 / 李文婷 张书宁 / 吉林艺术学院

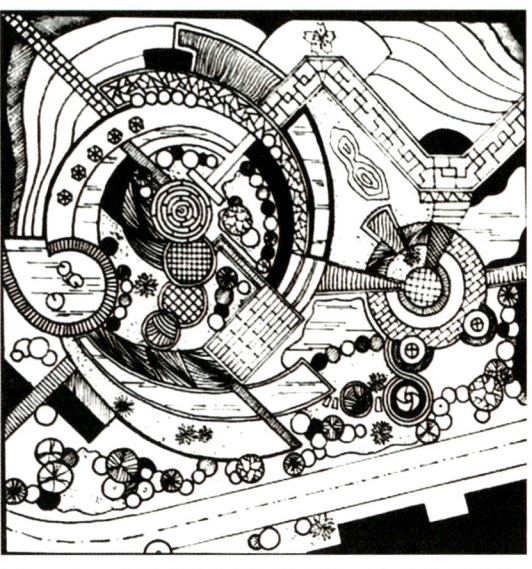

图2-107　点线面的练习8 / 刘泽昊 / 吉林艺术学院

图2-108　作品应用8 / 刘泽昊 张书宁 / 吉林艺术学院

图2-109　点线面的练习9 / 刘泽昊 / 吉林艺术学院

图2-110　作品应用9 / 刘泽昊 张书宁 / 吉林艺术学院

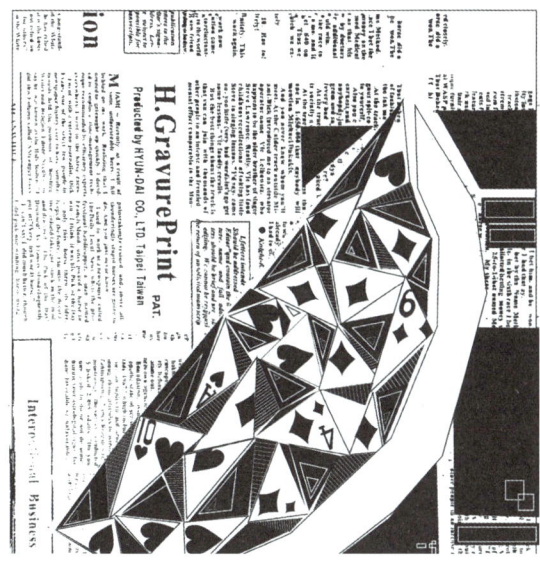

图2-111　点线面的练习10 / 孙浩铭 / 吉林艺术学院

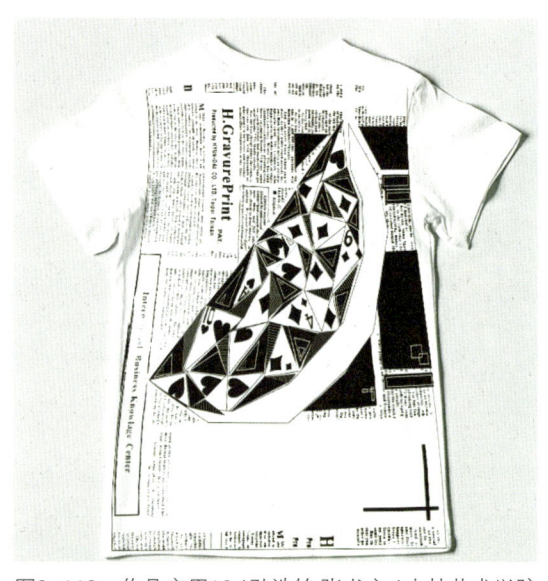

图2-112　作品应用10 / 孙浩铭 张书宁 / 吉林艺术学院

图2-113　点线面的练习11 / 王铭轩 / 吉林艺术学院

图2-114　作品应用11 / 王铭轩 张书宁 / 吉林艺术学院

图2-115　点线面的练习12 / 赵祎琳 / 吉林艺术学院

图2-116　作品应用12 / 赵祎琳 张书宁 / 吉林艺术学院

图2-117　矛盾空间1 / 吉林艺术学院学生作业

图2-118　作品应用13 / 吉林艺术学院学生作业

图2-119　矛盾空间2 / 吉林艺术学院学生作业

图2-120　作品应用14 / 吉林艺术学院学生作业

图2-121　矛盾空间3 / 吉林艺术学院学生作业

图2-122　作品应用15 / 吉林艺术学院学生作业

五、图库、相关参考资料和信息

1. 素材图库
（1）站酷
（2）昵图网
（3）素材中国
（4）三联素材网
（5）闪盟矢量图库
（6）设计素材
（7）背景素材

2. 字库网站
（1）Aa字库
（2）模版天下
（3）方正字库
（4）有字库
（5）汉仪字库
（6）字体天下
（7）字魂字体网

3. 摄影网站
（1）色影无忌
（2）蜂鸟网
（3）新摄影
（4）迪派摄影网
（5）PHOTOSIG
（6）摄影
（7）黑白摄影

（以上资料可能因多种因素而发生迁移或变更，读者可根据关键词实时搜索并按网站版权规定使用，资料仅供学习参考。）

第二节　项目二　空间形态构成与作品设计

该项目中的空间形态构成有别于立体构成，它只是单纯地研究二维平面状态下的三维表现形式，它是一种模拟的形态，而不是我们生活中的空间。在公共元素案例中，我们也只是选择一些用点、线、面元素去设计的建筑与公共设施。矛盾空间更是在生活中不能实现的一种视觉表现，希望同学们在学习中能够掌握该课程的内容，明确其与立体构成的区别。

一、课程要求

训练目的： 1. 使学生掌握空间构成规律的知识点。
2. 训练学生对于空间的整体把握能力，将生活中的空间以规律性的构成方式来处理，并将构成的作品应用于空间，从宏观到局部，从细节至全局。
3. 将正常的空间概念赋予矛盾空间形态变化，训练学生对空间形态的逻辑思维表现能力和熟练的掌控能力。

项目时间： 14课时

作业要求： 作业一：对现实的空间进行形象处理，使其具有平面构成的规律特征。
数量：10个组合形象，黑白、彩色不限。
作业二：矛盾空间的练习制作，观察我们生活的三维空间，赋予其矛盾的变化，使其产生新的视觉效果。
数量：4张，黑白、彩色不限。

相关作业： 结合平面构成的形式设计一件具有空间效果的标志作品

二、设计案例

1. 平面设计中的空间构成元素表现

在平面设计中,空间构成元素的形式大量应用于设计中,这些表现形式使作品具有更强的立体感,使画面更具表现力。

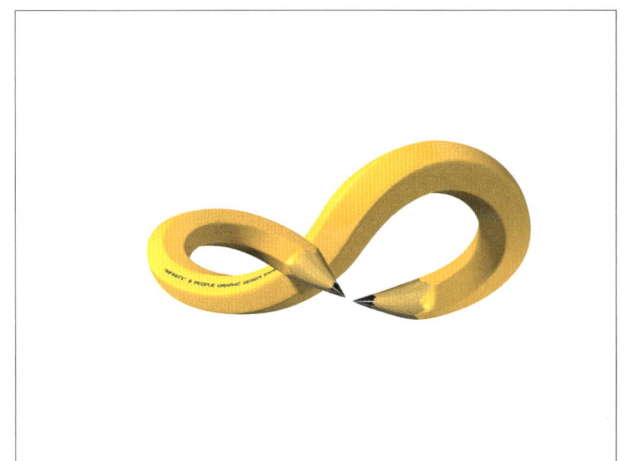

图2-123　无限–八人展1 / 苏大伟 / 吉林艺术学院 / 2005

图2-124　无限–八人展2 / 苏大伟 / 吉林艺术学院 / 2005

图2-123通过铅笔的旋转形成无限的符号,同时也是相应的数字形状,点与点的循环更说明了设计的无限想象空间。

图2-124通过旋转的线,营造出椭圆形的立体空间,通过二维的画面创造出三维的展示效果。

图2-125、图2-126通过体面在空间中的变化和具有厚度的形态组合,形成具有空间感的文字和图形,采用点线面、发射、渐变等形式组合增强空间感,也使画面更加生动活泼。

图2-125　龙行天下 / 李新宇 / 吉林动画学院 / 2005

图2-126　我的大学 / 李钢镐 / 吉林艺术学院 / 2005

2. 平面构成元素在公共空间中的应用

在我们的生活中，平面构成元素在公共空间中的应用案例随处可见，如环境艺术设计、展示设计、公共空间设计和建筑材料设计等。这些设计形式大大地丰富了我们生活的空间环境，我们以一些公共空间的设计应用为例，向大家展示平面构成的广泛应用。

图2-127为上海世博会波兰展馆，其外形抽象且不规则，表面有镂空的花纹，夜晚色彩变幻的光线穿过镂空的图案，营造出一种明暗错落的效果。

图2-128韩国展馆外立面以立体化的韩文和五彩像素画装饰，展现韩国风情。

图2-129德国馆整体设计错落有致，不规则的面组合成展馆的四面，呈开放状，给人轻盈、飘逸的感觉。建筑体外部由一层透明的银色发光建筑膜包起来，在夜晚的灯光下给人朦胧的感觉。

图2-130是位于世博园中轴线上的立柱，利用交织在一起的线组成旋转的陀螺形，规整大气。

图2-128　上海世博会韩国馆 / 范嵬玮　摄 / 吉林艺术学院 / 2010

图2-129　上海世博会德国馆 / 范嵬玮　摄 / 吉林艺术学院 / 2010

图2-127　上海世博会波兰馆 / 范嵬玮　摄 / 吉林艺术学院 / 2010

图2-130　上海世博会园区景观 / 马克辛　摄 / 鲁迅美术学院 / 2010

许多公共设施在设计上利用点线面元素，并将其完美地融合在空间设计中。

图2-131至图2-133是美国旧金山GEARY街的一系列公共设施，分别是自行车架、休息的椅子、植物装饰架，这三组作品在设计风格上统一，材质统一，对线和面的运用尤其巧妙，利用面的转折形成实用性的器物，视觉效果既协调又统一。

图2-134、图2-135是美国波特兰州立大学校园内的公共设施，该组公共设施在现代城市中起到了协调、美化、装点环境和空间的作用，作品既表现了材质之美，又具有简练的几何之美，整体线条流畅，块面平滑，不同大小的点与线、面的结合的运用使作品具有丰富的语义和协调的视觉效果。

图2-131 美国旧金山GEARY街公共设施 / 秦旭剑 摄 / 2013

图2-132 美国旧金山GEARY街公共设施 / 秦旭剑 摄 / 2013

图2-133 美国旧金山GEARY街公共设施 / 秦旭剑 摄 / 2013

图2-134 美国波特兰州立大学校园公共设施 / 秦旭剑 摄 / 2019

图2-135 美国波特兰州立大学校园公共设施 / 秦旭剑 摄 / 2019

图2-136 长春世界雕塑公园雕塑艺术馆共享空间装置设计1 / 李鹏 / 2010

图2-137 长春世界雕塑公园雕塑艺术馆共享空间装置设计2 / 李鹏 / 2010

图2-136、图2-137是为长春世界雕塑公园雕塑艺术馆设计的装置，根据展示场地的特征，透光与悬浮的作品属性更符合场地的需求。云和羽毛等形象从颜色、体量到质感都符合创作的初衷，因此成为创作的灵感。该设计利用日常线性材料，由线至面，打散重组而形成兼具艺术性与遮阳功能性的软装置作品。

图2-138、图2-139是以线与面造型为主的导视装置设计，该设计整体呈现出流线型的简约感，导视效果自然醒目，装置主体形象突出。

图2-140是为吉林外国语大学地球村室内公共空间设计的一组悬浮空间装置，点线面是设计的基本创作元素，由不同大小矩阵的点，形成全球不同场景的图像，由点至面体现成长中地球的不同发展片段，以此来探讨空间的物理性与精神性等不同维度的关系。

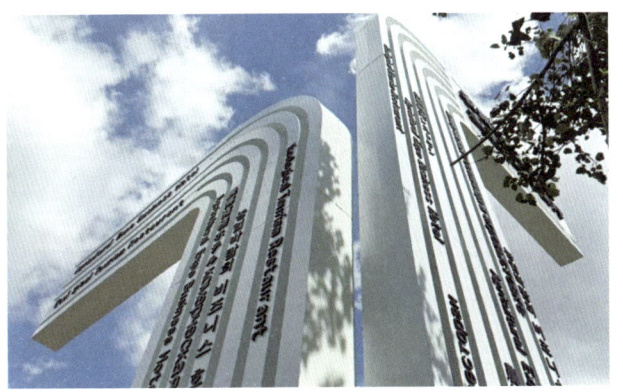

图2-138　长春农博园导视装置设计局部 / 李鹏 / 2015　　图2-139　长春农博园导视装置设计 / 李鹏 / 2015

图2-140　吉林外国语大学地球村共享设计大厅 / 李鹏 / 2020

三、知识点

空间是具有高、宽、深的三维立体空间。从造型的角度上看，任何一个形象或形体都有上下、左右、前后这三个维度。在二维平面中运用各种表现元素体现三维的立体效果，这就是空间构成的目的。在平面艺术中，空间感是假象，或者说错觉，其本质还是平面。

1. 平面上形成空间感的方式（图2-141）

①覆叠：一个形象覆叠到另一个形象之上时，就产生一前一后或一上一下的感觉，即平面的深度感。

②大小变化：人的视觉上有近大远小之感，所以大小变化越强烈，空间越有深度感。

③倾侧变化：由于倾侧变化在人的视觉中是空间旋转的结果，所以倾侧给人以深度感。

④弯曲变化：因为弯曲本身具有起伏变化，平面形象的弯曲能产生深度感，从而形成空间感。

⑤肌理变化：由于人的视觉感受是近看清楚，远看模糊，所以粗糙的肌理比细密的肌理有更近的感觉，于是肌理变化形成了空间感。

⑥明度变化：由于近处物体明度对比强，远处物体一般消失在背景明度中，即对比弱，所以明度变化有深度感。和背景明度近的有隐退之感，和背景明度差异大的则有凸近之感。

⑦投影：由于投影本身是空间感的反映，所以投影效果会形成空间感。

⑧透视：在真实空间中，由于人的视点是固定的，视野是有限的，无论何种情况下，眼睛只能看到物体的三面，并越前者越大、越后者越小，所以透视会形成空间感。

⑨面的连接：面的连接成体，面的弯曲成体，面的旋转成体，体是空间的实形，能形成体的面都具空间感。

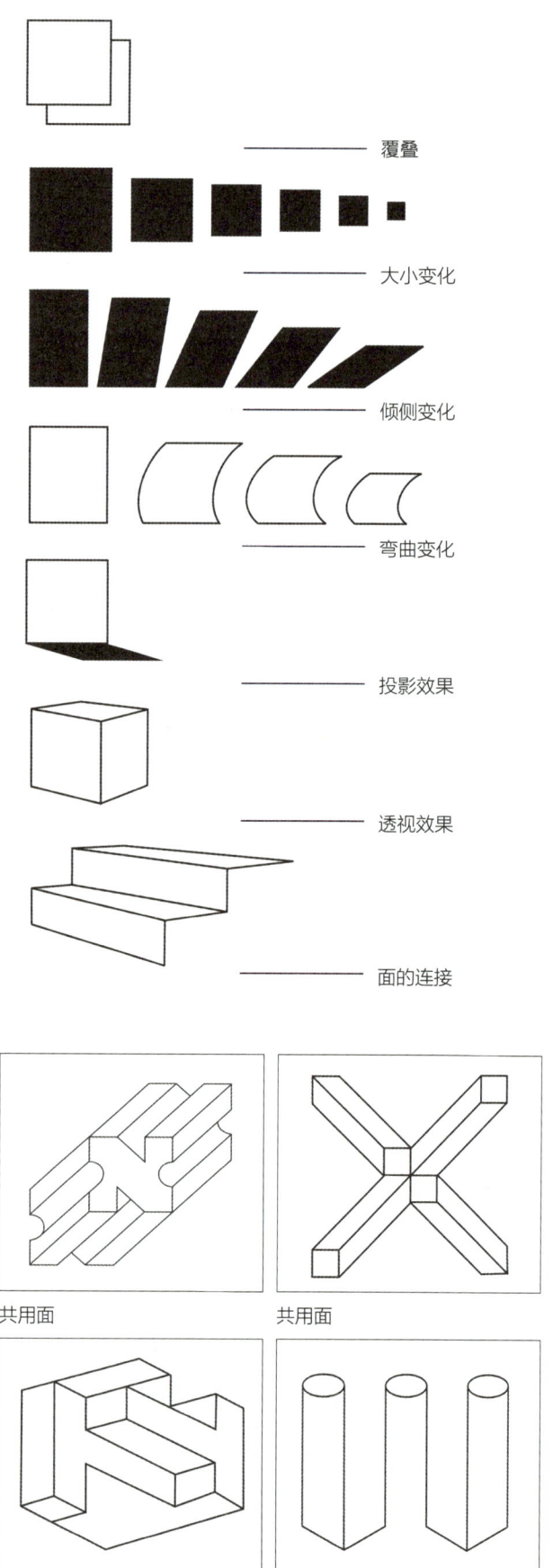

图2-141 平面上形成空间感的因素

2. 矛盾空间的构成形式

从广义上讲，矛盾空间的构成在二维平面上是存在的，但在三维空间中是不可能实现的。它是通过视平线和消失点的增减，使画面的透视角度产生多变，利用平面的局限性以及视觉的错视，形成在现实中无法存在的空间，即矛盾空间。（图2-142至图2-145）

在二维平面上形成矛盾空间通常需要以下因素。

①共用面：两个不同视点的立体，以一个共用面紧紧地连接在一起，构成了既是俯视又是仰视的空间结构，给人以闪动不定的错觉。

②前后错位：由于两条交叉的线条在平面上既无前后之分，又无方向之分和体积之分，因而给视错觉提供了可乘之机，前后、左右错位。

③矛盾连接：利用直线、曲线、折线在平面中空间方向的不定性，使形之间矛盾连接。

矛盾空间的构成，要巧妙地利用错觉，创造出非真实而又可见的视觉空间。这种构成形式对于启发设计者的想象力和开拓思维是有积极意义的。

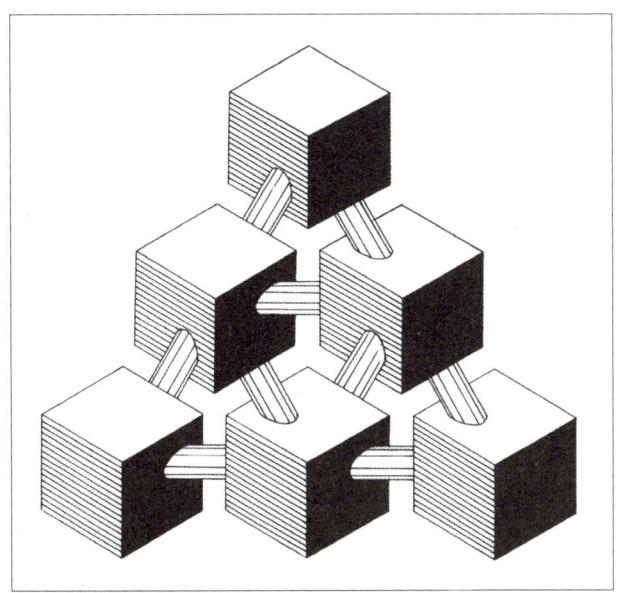

图2-142　矛盾空间1 / 付丽娟 / 吉林艺术学院 / 2005

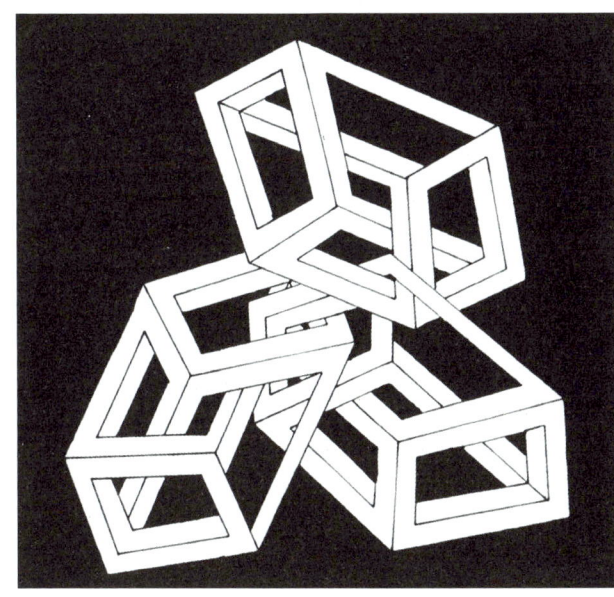

图2-143　矛盾空间2 / 杜爽 / 吉林艺术学院 / 2005

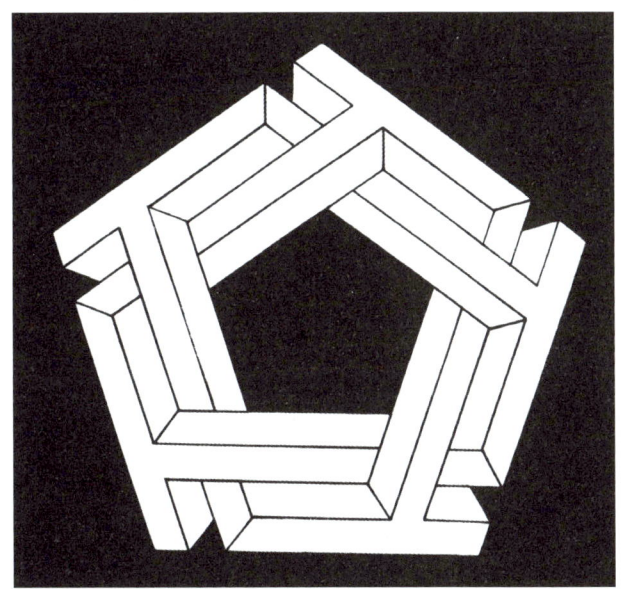

图2-144　矛盾空间3 / 吉林艺术学院学生作业 / 2006

图2-145　矛盾空间4 / 吉林艺术学院学生作业 / 2006

四、课堂训练

1. 发射与渐变组成空间感的练习

我们的现实空间是三维的,如何将三维的空间二维化、平面化,是此部分训练的重点,因此需要大量练习用构成的基本元素点、线、面来表现空间感。(图2-146至图2-161)

图2-146　空间感练习1 / 谢彬 / 吉林艺术学院 / 2005

图2-147　空间感练习2 / 张潇 / 吉林艺术学院 / 2005

图2-148　空间感练习3 / 吉林艺术学院学生作业 / 2010

图2-149　空间感练习4 / 吉林艺术学院学生作业 / 2009

图2-150　空间感练习5 / 金美玲 / 吉林艺术学院 / 2005

图2-151　空间感练习6 / 刘青 / 吉林艺术学院 / 2005

图2-152　空间感练习7 / 刚强 / 吉林艺术学院 / 2005

图2-153　空间感练习8 / 吉林艺术学院学生作业 / 2005

图2-154　空间感练习9 / 吉林艺术学院学生作业 / 2006

图2-155　空间感练习10 / 潘石禅 / 吉林艺术学院 / 2005

第二节　项目二　空间形态构成与作品设计

图2-156 空间实景1

图2-157 对应实景的空间感练习1 / 韩策 / 吉林艺术学院 / 2012

图2-158 空间实景2

图2-159 对应实景的空间感练习2 / 向宜昆 / 吉林艺术学院 / 2012

图2-160 空间实景3

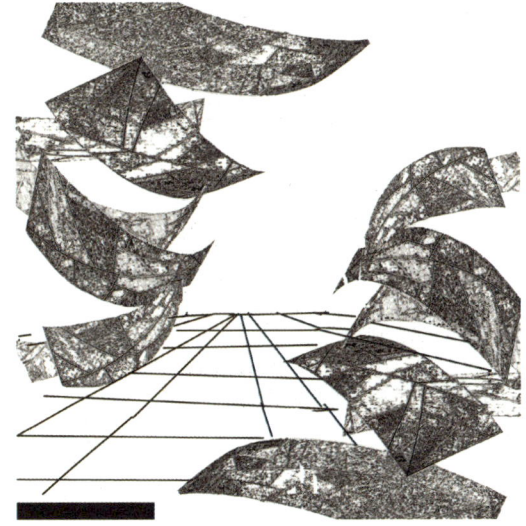

图2-161 对应实景的空间感练习3 / 康宁 / 吉林艺术学院 / 2012

2. 矛盾空间构成的练习

矛盾空间的构成在平面上是存在的，而在现实中是不可能实现的，如图2-162至图2-165是福田繁雄利用矛盾空间原理设计的招贴。矛盾空间构成通过透视现象的改变，利用共用面、前后左右的错位、矛盾连接形成在现实中无法存在的矛盾空间，大量的练习和相关素材的积累有助于矛盾空间构成思维的拓展。（图2-166至图2-195）

图2-162　空间·光谱 / 福田繁雄 / 1994

图2-164　名古屋中京大学 / 福田繁雄 / 1994

图2-163　空间·桌边的4人 / 福田繁雄 / 1978

图2-165　错失幻觉 / 福田繁雄 / 1984

图2-166　矛盾空间1 / 田宇超 / 吉林艺术学院 / 2011

图2-167　矛盾空间2 / 徐波 / 吉林艺术学院 / 2005

图2-168　矛盾空间3 / 张茜 / 吉林艺术学院 / 2005

图2-169　矛盾空间4 / 吉林艺术学院学生作业 / 2006

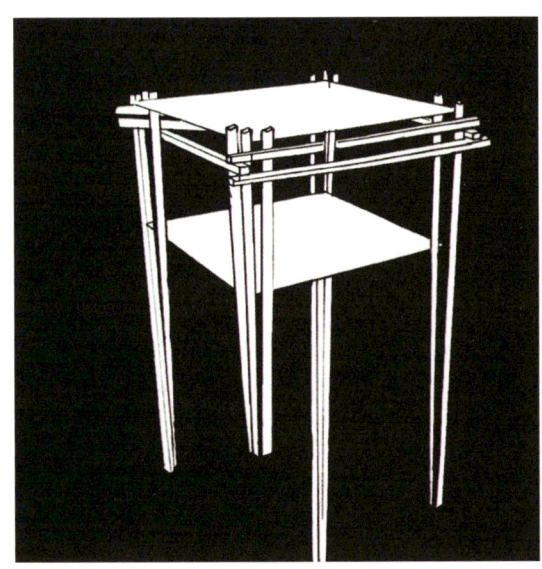

图2-170　矛盾空间5 / 田烨 / 吉林艺术学院 / 2005

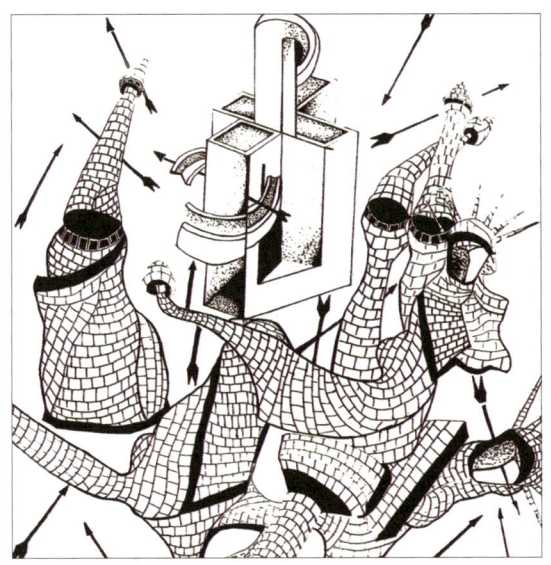

图2-171　矛盾空间6 / 滕云侠 / 吉林艺术学院 / 2005

图2-172　矛盾空间7 / 樊思佳 / 吉林艺术学院 / 2005

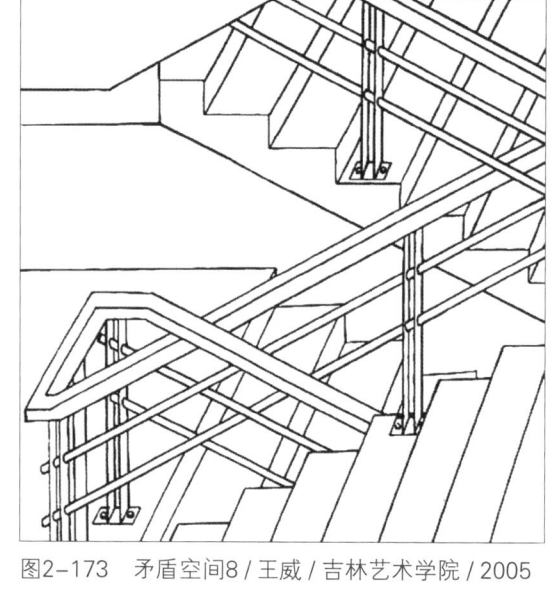

图2-173　矛盾空间8 / 王威 / 吉林艺术学院 / 2005

图2-174　矛盾空间9 / 王敏 / 吉林艺术学院 / 2005

图2-175　矛盾空间10 / 吉林艺术学院学生作业 / 2006

图2-176　矛盾空间11 / 谭尔玉 / 吉林艺术学院 / 2005

图2-177　矛盾空间12 / 刘源 / 吉林艺术学院 / 2005

图2-178 矛盾空间13／张晓娜／吉林艺术学院／2005

图2-179 矛盾空间14／王敬文／吉林艺术学院／2005

图2-180 矛盾空间15／吉林艺术学院学生作业／2005

图2-181　矛盾空间16 / 王冰 / 吉林艺术学院 / 2005

图2-182　矛盾空间17 / 吉林艺术学院学生作业 / 2011

图2-183　矛盾空间18 / 吉林艺术学院学生作业 / 2005

第二节　项目二　空间形态构成与作品设计

图2-184 矛盾空间19 / 谢彬 / 吉林艺术学院 / 2005

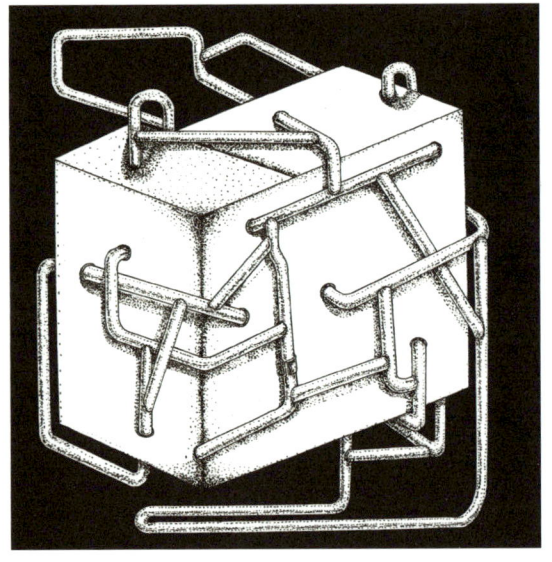
图2-185 矛盾空间20 / 张鸿祥 / 吉林艺术学院 / 2005

图2-186 矛盾空间21 / 王淼 / 吉林艺术学院 / 2005

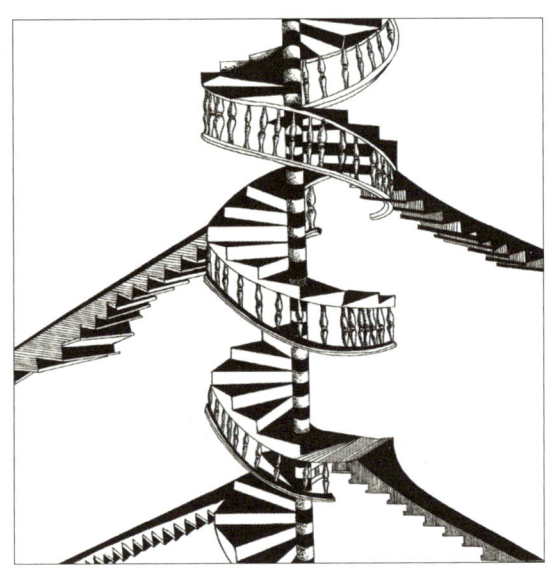
图2-187 矛盾空间22 / 吉林艺术学院学生作业 / 2007

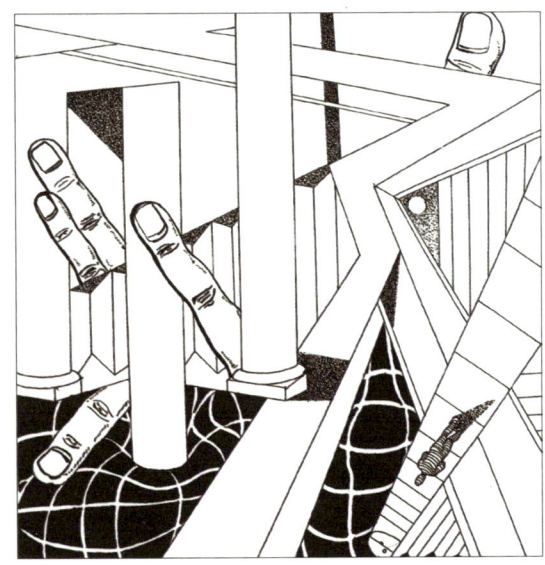
图2-188 矛盾空间23 / 张伟 / 吉林艺术学院 / 2005

图2-189 矛盾空间24 / 吉林艺术学院学生作业 / 2007

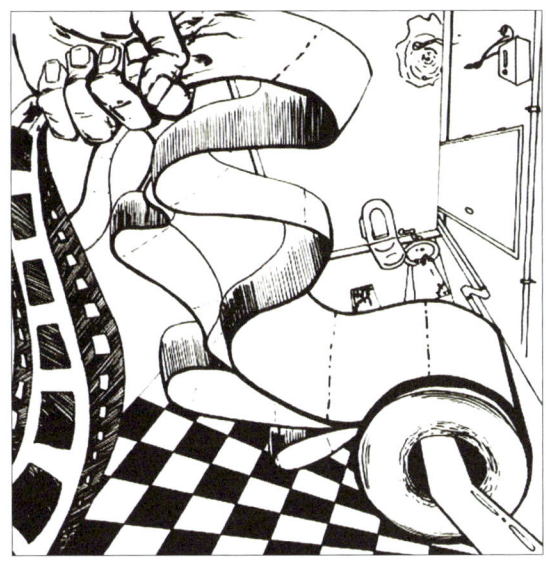

图2-190 矛盾空间25 / 蔡春虎 / 吉林艺术学院 / 2005

图2-191 矛盾空间26 / 张程程 / 吉林艺术学院 / 2005

图2-192 矛盾空间27 / 张松 / 吉林艺术学院 / 2005

图2-193 矛盾空间28 / 卢胜男 / 吉林艺术学院 / 2005

图2-194 矛盾空间29 / 李晔 / 吉林艺术学院 / 2005

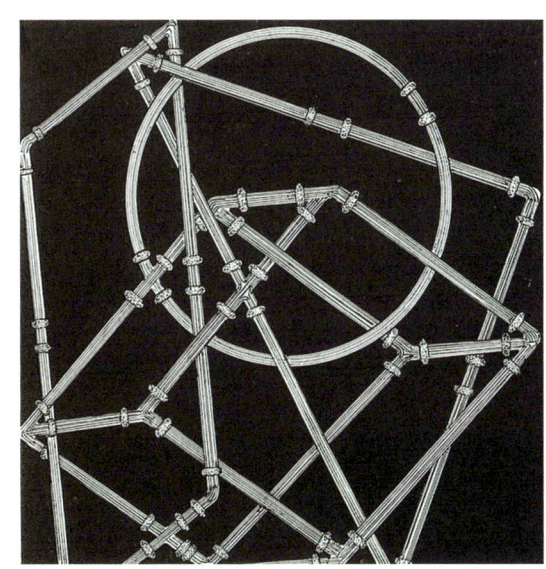

图2-195 矛盾空间30 / 刘帅 / 吉林艺术学院 / 2005

五、图库、相关参考资料和信息

1. 国外设计协会
（1）英国设计与艺术委员会
（2）国际室内设计师协会
（3）澳大利亚设计协会
（4）波兰设计师
（5）瑞士设计中心

2. 国内设计协会
（1）中国工业设计协会
（2）设计在线
（3）深圳市平面设计协会
（4）中国室内装饰协会
（5）中国建筑装饰协会设计分会
（6）中国流行色协会

3. 广告创意网站
（1）广告门
（2）广告人
（3）中国广告网
（4）数英网
（5）TOPYS创意内容平台
（6）大创意
（7）品牌星球
（8）创意仓
（9）麦迪逊邦

（以上资料可能因多种因素而发生迁移或变更，读者可根据关键词实时搜索并按网站版权规定使用，资料仅供学习参考。）

第三节 项目三 数字形态构成与作品设计

数字形态构成作品在我们生活中的应用案例较多，如一些电视频道的栏目包装、影视作品的片头片尾、动画游戏的片段。当前，大量的数字形态构成作品充斥着我们的生活，同学们要有一双善于发现的眼睛与感受生活的知觉，要将静态的创作感悟化为动态的创作灵感，同时要遵循构成的规律来创作，才能完成优秀的数字形态构成作品。

一、课程要求

训练目的： 1. 转换固有的思维角度，将平面构成的基本规律融入数字形态构成的概念中，使设计更加快捷、方便。
2. 运用数字化手段训练学生，使其掌握数字技术的同时对平面构成的概念有新的理解。
3. 在数字形态构成的形式里手法是多样的，如摄影、摄像、交互、动画、声音等，这些作为作品的创作手段，使我们的作品展现形式更加丰富。如何利用这些形式创作出成功的数字构成作品是最终的训练目的。

项目时间： 20课时

作业要求： 作业一：运用数字化手段创作静态构成作品，要符合构成的基本特征，表现手段不限，画面要求和谐、整体。
数量：10个，黑白、彩色不限，JPG格式；尺寸：15cm×15cm、300DPI。
作业二：运用数字化手段创作动态构成作品，要符合构成的特征，表现手法不限，动态画面前后要连贯、整体。
数量：1~2套，WAV格式；时间：1分钟左右；大小：不超过500MB。

相关作业： 结合平面构成的形式设计一套动态的数字作品。

数字形态构成设计作品 / 颜成宇 / 吉林艺术学院

二、设计案例

1. 数字媒体中动态影像构成规律的表现

数字媒体是一个技术与艺术相结合的新专业,它所完成的作品既要有科技含量,又要有艺术修养。该单元的设计案例大多是计算机完成的艺术作品,作品在表现中能够多元地呈现构成形式规律,使构成在应用中具有不可替代的作用和优势。在本单元的案例中,同学们可以体验不同的思维方法、创作手法,并开拓设计视野。

图2-196《创造亚当》意在通过手指对碰瞬间的画面,表现互联网最经典也是最基本的"点击"动作,以此表达互联网传递的迅捷性。作品通过齿轮的连接,组合成具有极强动感的手的形态,整个画面营造出一种醒目的视觉美感。

图2-196 创造亚当 / 任龙 / 吉林艺术学院 / 2018

图2-197是吉林艺术学院新媒体学院教学竞赛作品。该组同学在设计作品前先绘画静态脚本，作品运用构成规律将二维视觉元素拆解成零散的物件，按照规律的运动、分解、组合表现。作品中将人物单独拍摄，用蓝棚抠像技术处理到画面中，形成大与小的对比关系。该组作品的视觉表现运用了发射、渐变、空间的效果，画面和谐，视觉效果震撼。物件之间的排列穿插符合运动规律，是理性与感性相结合的优秀作品。

制作工具：计算机、After Effects软件、蓝棚、摄像机。

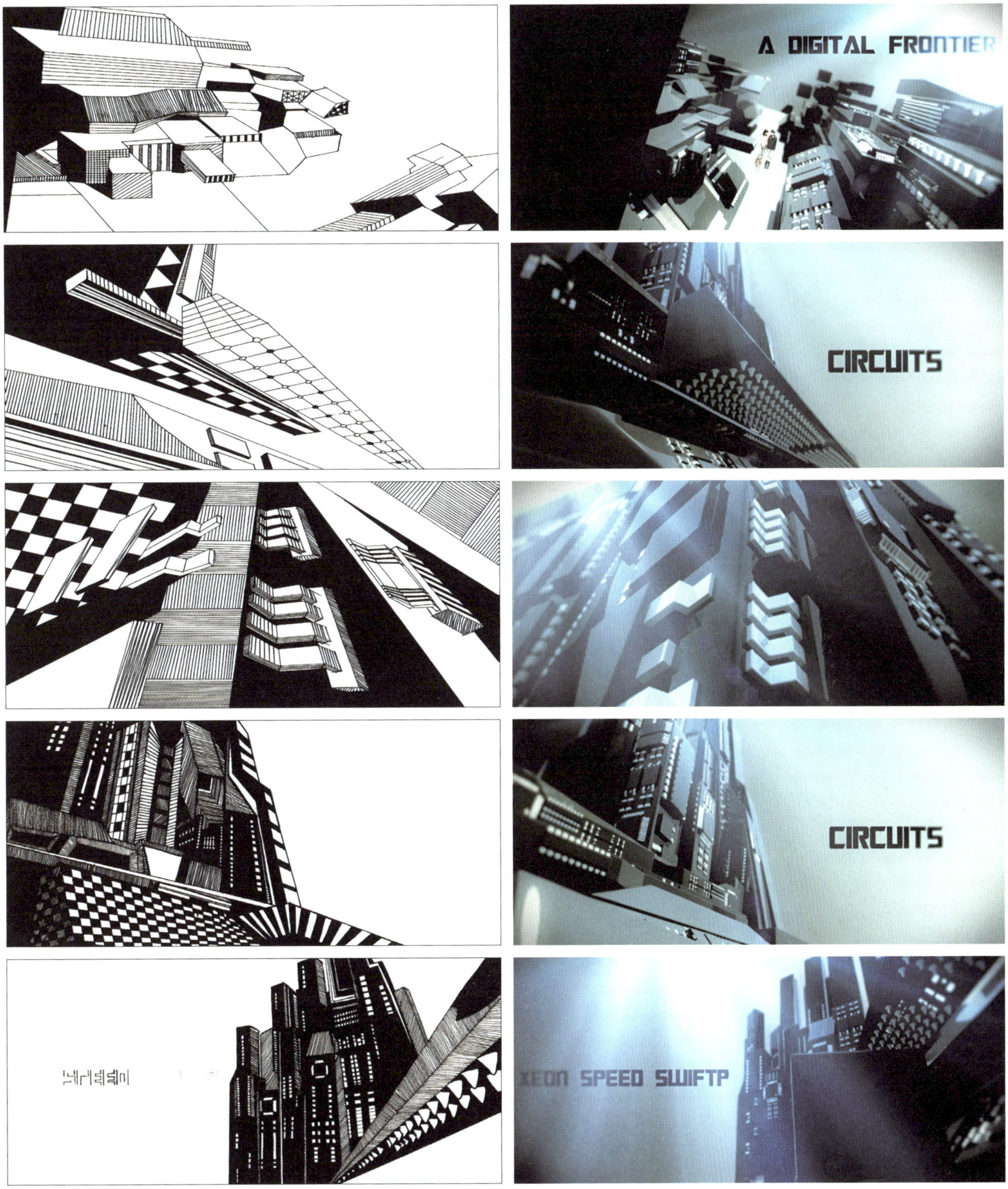

图2-197　E_WORLD / 吕默央 李伟强 高毓泽 王兴 李乙海 闫安 郭惠敏 于千惠 刘志强 张恒 / 吉林艺术学院 / 2013

图2-198是吉林艺术学院ART电视频道的片头设计，该设计以ART字母为设计元素，将字母打散成具有空间效果的单元个体，通过这些单元密集汇聚组合成立体的文字ART，最后引入电视台的标志。

该设计视觉效果强烈，构成方式巧妙，给人一种特殊的视觉美感。其形态的抽象性特征和动态的视觉引导，组成严谨而富有节奏韵律的画面，营造出一种秩序之美、理性之美、抽象之美。作品运用了渐变、发射、空间、密集、近似等构成手法。

制作工具：计算机、After Effects软件

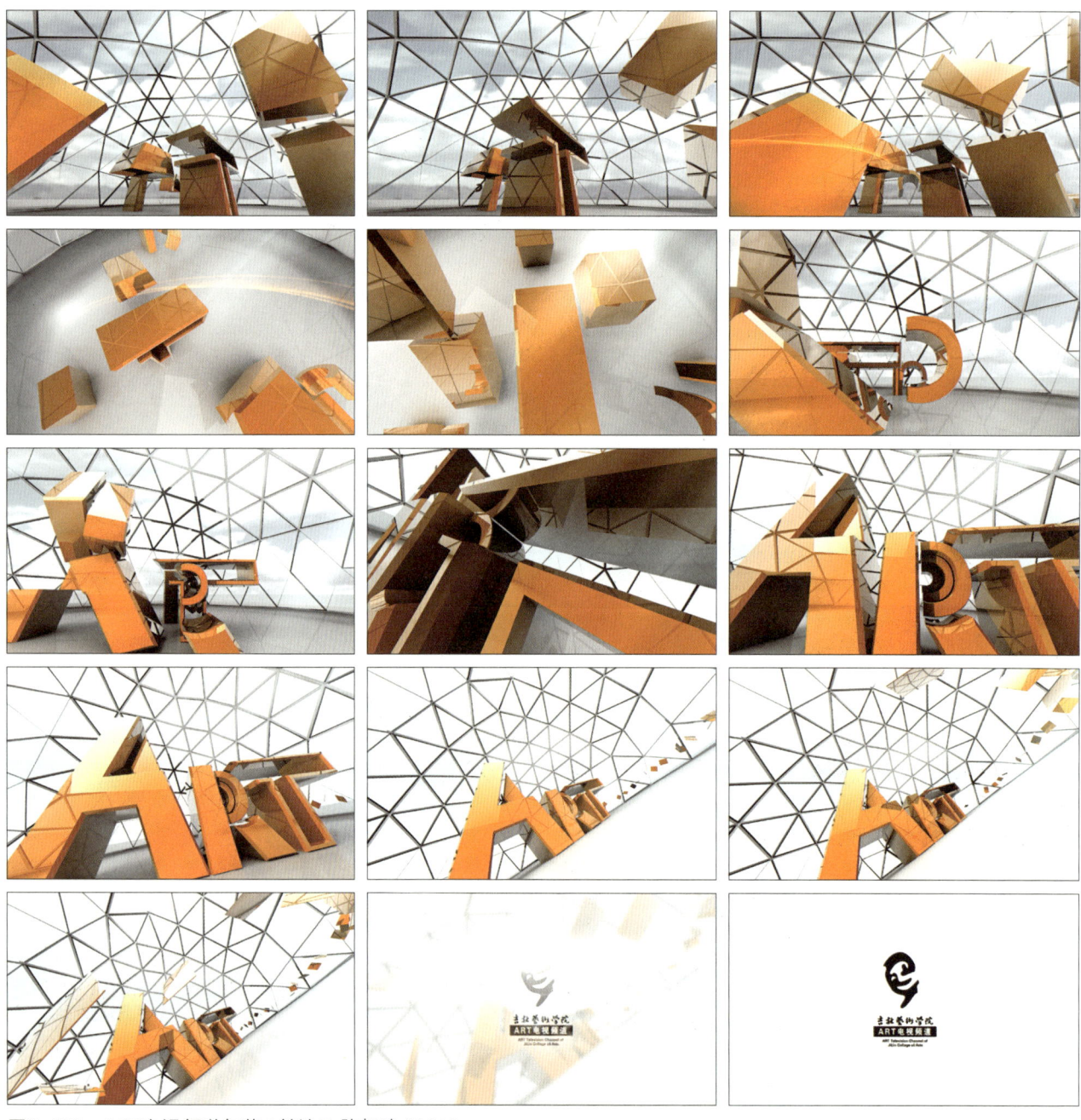

图2-198　ART电视频道包装 / 付皓月 陈贺鸣 / 2010

图2-199以"10面埋伏"文字制作成标志，通过数字技术来实现并完成"10面埋伏""九宫八卦"的布局，动态地打散、穿插再组合，使形态具有不断升华的效果，在观众面前越来越清晰化，给人留下深刻而生动的印象。作品运用了构成的密集、空间、重复、近似等手法，具有很强的视觉冲击力及较好的艺术效果。

制作工具：计算机、After Effects软件、3ds Max软件

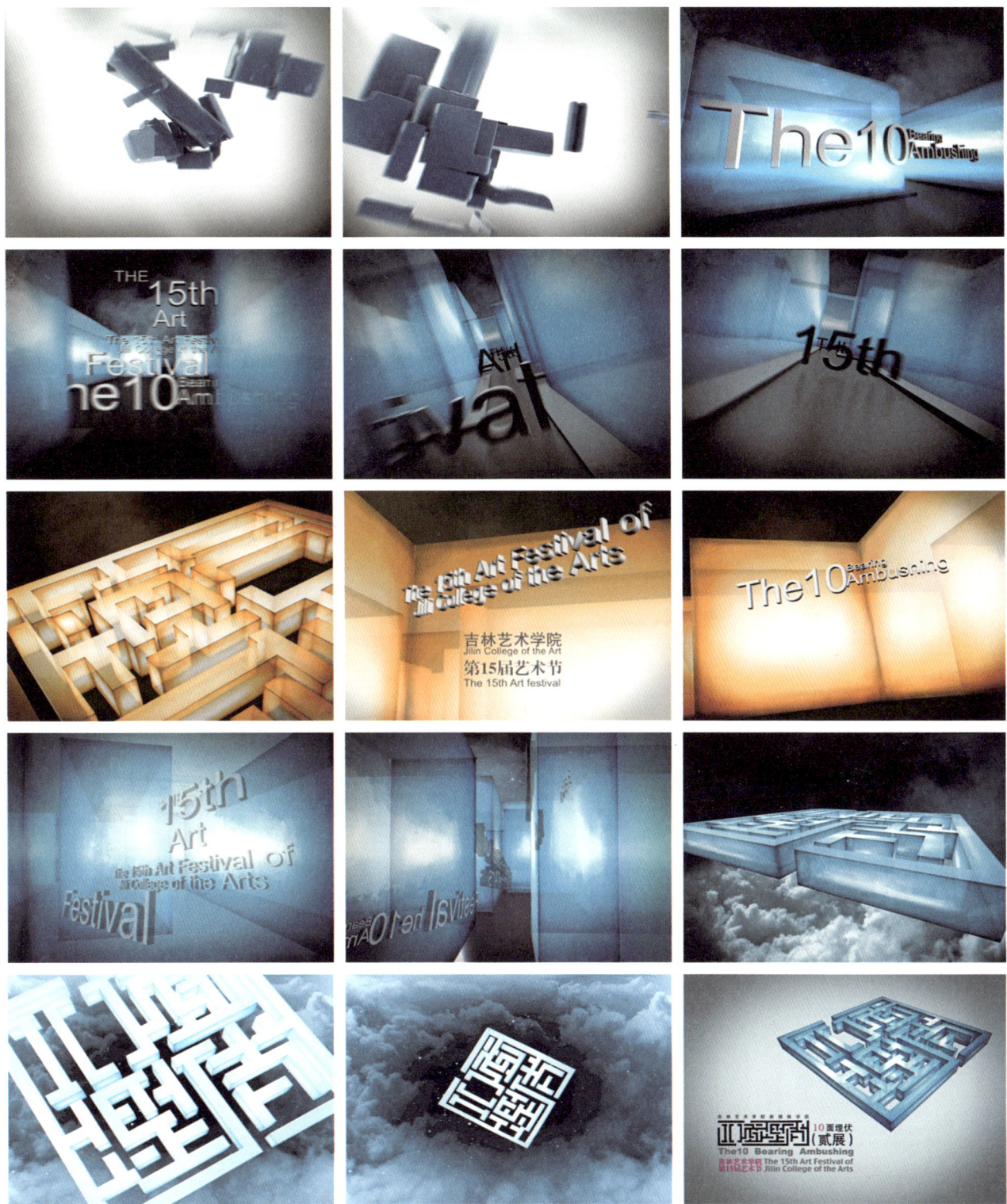

图2-199 "10面埋伏"（贰展）/ 标志设计 秦旭剑 / 视频设计制作 李南南 / 2009

2. 数字媒体中动画构成规律的表现

数字媒体艺术建立在以数字技术为核心的基础上，以数字媒介为基本语言。数字媒体艺术使用文本、图像、音频、视频等元素进行艺术创作，强调创意的多渠道交互融合。数字媒体艺术的呈现形式也是多种多样的，有影像、动画、装置、界面、数字出版物、游戏等。这里只选择部分形式做案例，以点带面。

图2-200是一个二维动画艺术设计作品，以平面为平台展示连贯的动态画面，多以点、线、面作为基本的构成元素。该作品通过隐喻的手法，抽象的思维表现，反映了猫的生活习性，表达了作者对猫这种灵性动物的感悟和喜爱。整个画面贯穿了点的排列、线的运动、面的覆盖，运用的构成手法有重复、变异、渐变、近似、密集、分割、特异、对比、平衡等。

图2-200　猫 / 倪明 / 吉林动画学院 / 2009

三、知识点

1. 数字媒体的概念

数字媒体，是以二进制数的形式记录、处理、传播、获取过程的信息载体，是传统媒体不断发展，在数字化平台下新的延伸形式。数字媒体作为现代化的呈现手段在人们生活中占有着重要地位，它的普及改变了传统媒体的传播形式，使传播辐射更广，形式更多。如数字化的文字、图形、图像、声音、影像、交互界面和动画等，这些多媒体表现形式改变了人们对传统媒体的印象，大大地拓展了设计艺术的视觉审美领域，丰富了设计的思维及表现手法，也使人们的生活形式更多样，数字媒体不同的展示平台也带动着设计向多元化的方向发展。

2. 数字化的处理手法

平面构成作为设计的基础课程，在融入数字媒体这一概念时，在教学上也就担负着革新的使命。传统平面构成在呈现形式上以手绘为主，强调绘画的精细，构成规律的把握。而数字媒体由于载体的不同，在把握传统规律构成的同时强调内容具有更多的交互性、动态性和视觉呈现的丰富性。数字媒体可以按时间或属性、元素等形式划分。如按时间来分，可以分为两类：一是静态媒体，二是动态媒体。静态媒体不会随着时间而变化，如文本图片和图像。动态媒体内容会随着时间的变化而变化。在本单元中也以时间为作业制作形式，其他划分形式不在这里做过多的讲授。

数字化的处理手段使构成在制作时非常便捷，近几年有的设计院校开设了设计类计算机软件学习课程，并将其作为必修课程，学生们也会利用课余时间自主学习，设计类计算机软件的普及使平面构成的制作更加简便与灵活，在做设计时达到事半功倍的效果。

常用的设计专业软件有以下几种

二维软件：Photoshop、CorelDRAW、Illustrator、Indesign
三维软件：3ds Max、Maya
影像软件：After Effects、Premiere

数字化的处理手段多是用上述软件完成的，在处理平面构成时，常使用的二维软件Photoshop在处理图像方面功能强大，CorelDRAW、Illustrator软件主要以处理图形为主，这三个软件各有优势，本书中部分学生作业就是使用了这些软件来完成的。动态规律构成在制作上常使用的软件有After Effects、Premiere等，这两个剪辑及特效软件能够处理完成动画、图片、文本、视频、声音的编辑加工和制作，最终生成动态影像。3ds Max、Maya在处理平面构成中的空间构成时非常方便。

3. 多元的表现形式

近几年数字媒体的应用形式越来越丰富，数字化特征越来越明显，在一些静态、动态的作品视觉形式中极大地展现了该特征。数字媒体技术制作完成的作品往往是手工难以完成的，如复杂的图形、特殊的肌理效果、动态的表现方法和交互的形式。如在PS软件中滤镜菜单下的目录可以将同一图片处理成不同的形式，彩块化命令可以快速地创建不规则的彩色玻璃效果；等高线可以将图片反差部分提取概括成线，彩色半调可以根据图片不同的色层分离成网点；风化效果可以模拟大风或飓风吹过画面形成的线化效果，还有扭曲、水波纹、挤压等效果。当然，还有一些外挂滤镜如KPT，可以制作具有3D效果的卷边纸和撕开的肌理效果。这些外挂滤镜多达30多种，能使我们的作品最大限度地表现设计意图，极大地丰富了作品的形式与内容。当然这些数字化作品在创作上还是遵循构成的规律化特征，而使用数字化的呈现形式来制作。

在数字作品中，一些作品以静态的形式体现，如网页设计、数字插画、UI界面和数字出版读物等，这些作品虽然是数字的形式，但是在设计时都依据统一的设计规律完成，是在平面设计的基础上加入了交互功能、声音等新形式，形成新的视觉效果。动态作品以影视片头片尾、二维、三维动画设计、数字游戏等为主，这些作品具有时间延续性，如动态影视媒体作品，一个画面过渡到另一个画面，中间形成延续的过程，使画面出现各种变化，这些手法使构成作品具有了动态效果，使画面更具吸引力。

四、课堂训练

1. 数字图像构成练习

利用生活中的照片、图片,以计算机软件处理成具有点、线、面效果特征的图像形式,画面既要保持原图风貌,又要具有构成的和谐、韵律等效果。该训练可帮助同学们掌握一些基础软件的同时也能协调处理画面。这些画面在处理后可以直接应用于设计作品。(图2-201至图2-205)

使用工具:计算机、二维软件(Photoshop、CorelDRAW、Illustrator等)。

图2-201　个人照片 / 廖嘉卉 / 吉林艺术学院 / 2012

图2-202　向海 / 王晓明 / 2011

图2-203　向海 / 王晓明 / 2011

图2-204　大布苏 / 王晓明 / 2011

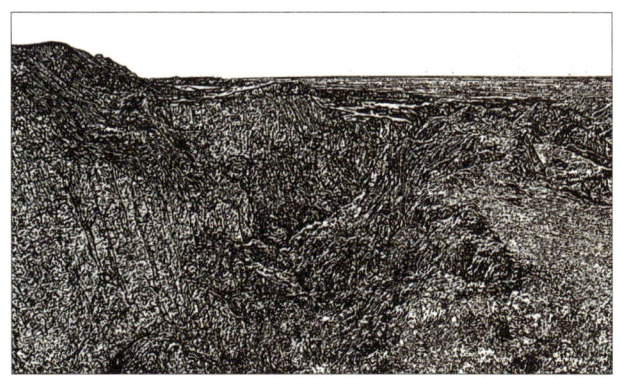

图2-205　大布苏 / 王晓明 / 2011

2. 连贯性思维的训练

就数字类作品，尤其是影视、动画、游戏类作品的创作而言，连贯性思维的训练是必不可少的，该训练要求在创作时先制作基本形，通过基本形的变化过程形成一系列的具有创意的、抽象的、连贯性的故事画面。

制作工具：计算机、二维软件（Photoshop、CorelDRAW、Illustrator等）。

图2-206将变色龙进行简化构成处理，再运动拉伸画面，运用到发射、打散重组的构成形式中，增强画面连贯性。强烈的空间感和秩序性将变色龙善于变幻和利用伪装迷惑敌人的特性表现了出来。

图2-206　变色龙 / 李奕杉 / 吉林艺术学院 / 2013

图 2-207由螺钉底部以打散重构的形式变幻成海面,再变幻成食人鱼,又以食人鱼头部开始断裂成鸟的头部造型,最后再全部打散重构成链条状。通过黑白灰之间的关系做到了"形散而神不散"。

图 2-207　食人鱼 / 韩笑 / 吉林艺术学院 / 2016

3. 动态构成练习

（1）以拍摄的方式记录动态构成作品

图2-208至图2-213是以光涂鸦的方法创作具有构成效果的作品。该作品是以相机拍摄的作品，利用光源在黑暗空间留下的轨迹所呈现的一种表现形式，既保留了涂鸦的原本面貌，还可以把摄影与绘画的一些手法融入其中。该练习是培养学生创造性思维和动手能力的一次大胆尝试。

制作工具：单反相机、三脚架、各种光源（手电筒光线、彩色LED灯光、烟花等）

图2-208　乐队 / 刘宇 / 2009

图2-209　深度解放 / 王爱 / 2009

图2-210　惹火 / 庞雪娇 / 2009

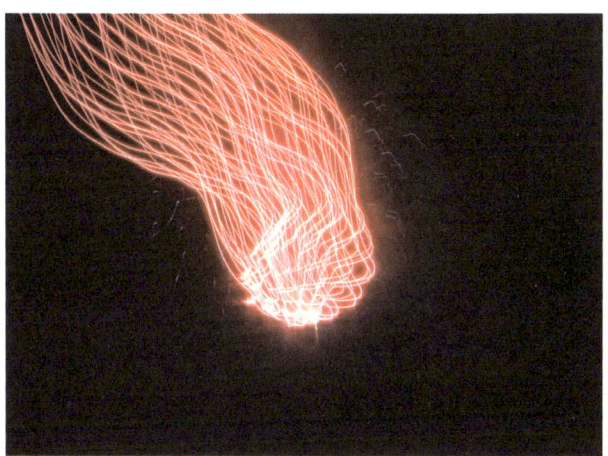

图2-211　线条的showing1 / 薛胜男 张瑜 / 2009

图2-212　线条的showing2 / 薛胜男 张瑜 / 2009

图2-213　线条的showing3 / 薛胜男 张瑜 / 2009

（2）以摄影的方式记录动态作品

图2-214该练习是动态构成规律练习的一种形式，组织班级所有人员共同完成，同学集合在可以被高空俯视的区域，如教学楼下的空场地，每人在头顶放一张可以被视线明显捕捉的白纸或彩色卡纸，再组织同学们做一些具有构成形式的图形，如密集、发射、渐变等，以影像的形式记录下来。同学们可以在娱乐中领会学习的乐趣，也是构成表现形式的革新。

制作工具：相机或摄像机、三脚架、A3白卡纸、影像剪辑软件

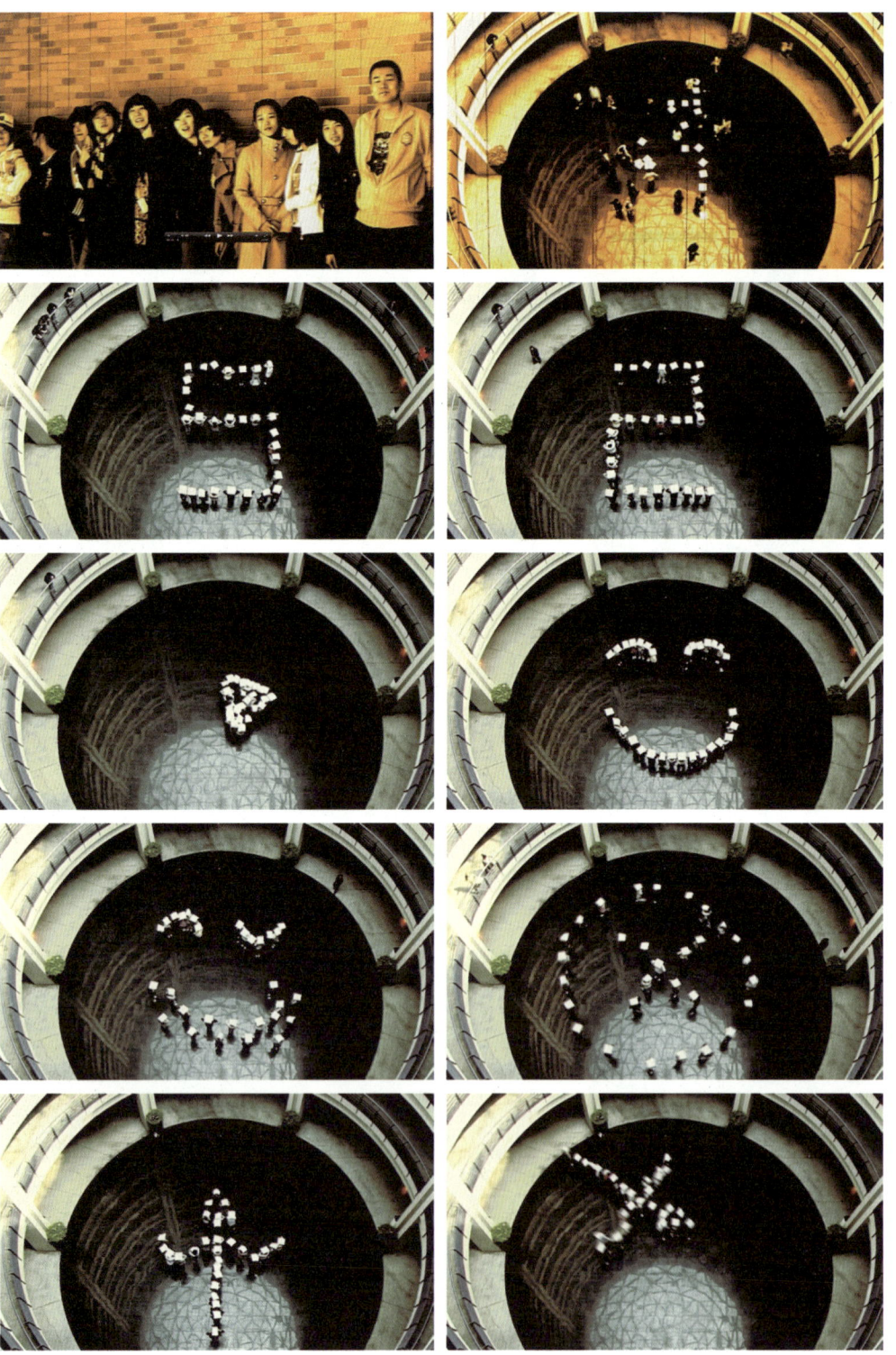

图2-214　平面构成互动练习 / 吉林艺术学院新媒体学院2008级数字媒体专业学生 / 指导教师：颜成宇 / 2013

五、图库、相关参考资料和信息

1. 网站设计
（1）火星时代动画网
（2）视觉中国
（3）设计在线
（4）数艺网
（5）中华广告网
（6）中国设计网
（7）网页设计师联盟
（8）中国设计之窗
（9）网页设计模板网站
（10）网页制作大宝库
（11）网页设计模版
（12）Graphis
（13）蓝色理想

2. 广告公司网站
（1）李奥·贝纳
（2）智威汤逊
（3）东道设计
（4）灵智大洋广告
（5）达彼思广告
（6）Y&R 电扬广告
（7）金长城国际广告

（以上资料可能因多种因素而发生迁移或变更，读者可根据关键词实时搜索并按网站版权规定使用，资料仅供学习参考。）

第三章

欣赏与分析

第一节　国内外设计师经典作品

第二节　师生优秀作品

第三章　欣赏与分析

平面构成形态的作品应用形式较多，如视觉设计中的招贴设计、标志设计、包装设计、书籍设计、网页设计等，在下面的内容中我们只选择了国外具有影响力的四位设计大师、部分国内外高校师生及设计机构优秀设计师的作品与大家共享。同时将平面构成的知识要点与设计作品结合起来逐一进行分析与点评，帮助同学们进一步掌握平面设计的原理与技巧。

第一节　国内外设计师经典作品

1. 设计大师经典作品欣赏
（1）福田繁雄

福田繁雄（1932—2009）先生是日本图形设计大师，是世界著名平面设计师之一，他的设计理念及设计作品享誉世界，对20世纪后半叶的设计界产生了深远的影响。福田繁雄的每一种新观念都是他不断探索和创新的结果。他的作品看似荒谬，但从中透射出一种理性思维，具有秩序感和连续性的玄妙，并且作品极其简洁，还具有一种嬉戏般的幽默感，善于用视幻觉来创造各种富有意味的情趣。

艺术家往往爱追求幻觉，福田繁雄就像幻术师一样善于构筑视错觉。他用潜藏于心底的创作主义，依照自己的理想思维来改变世界，用设计引导我们用崭新的角度来看世界。

图3-1、图3-2是福田繁雄的矛盾空间作品，它在作品中大量运用视觉错视原理，将二维空间与三维空间巧妙地结合在一起，创作出矛盾的视觉世界，使作品在构思与表现上相得益彰。

在1975年福田繁雄为日本东京京王百货店设计的宣传海报（图3-3）中，就开始利用"图""底"间互生互存的关系来探索错视原理。作品巧妙利用黑白、正负形来构成男女的腿，上下重复并置，黑色"底"上白色的女性的腿与白色"底"上黑色男性的腿，虚实互补，互生互存，创造出简洁而有趣的效果，其手法为"正倒位图底反转"。作品中的男女腿的元素，也成为福田繁雄海报中具有代表性的视觉符号。

图3-1　思考日本（堆叠角柱）/ 福田繁雄 / 日本 / 1987

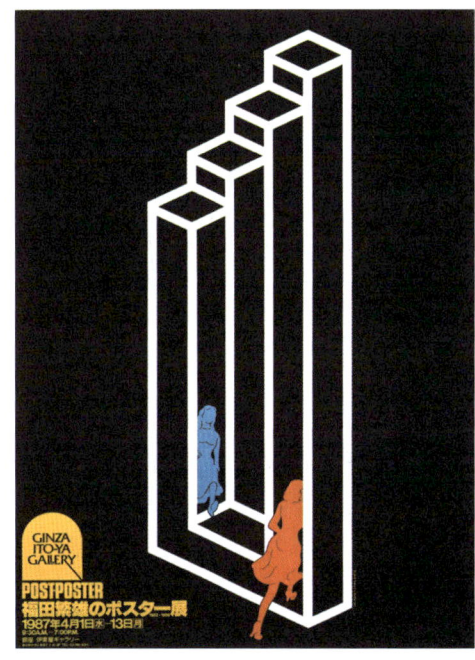

图3-2　福田繁雄海报（伊东屋画廊）柱 / 福田繁雄 / 日本 / 1987

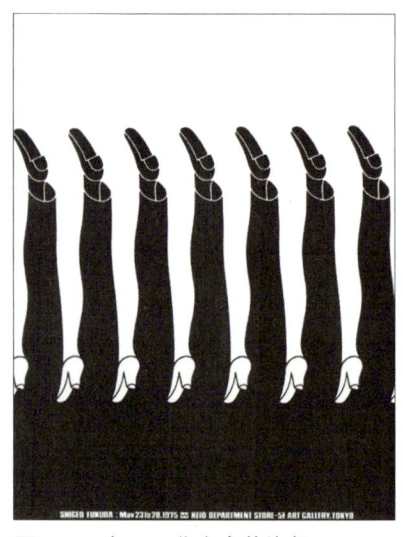
图3-3 京王百货店宣传海报 / 福田繁雄 / 1975

图3-4 UCC咖啡馆宣传海报 / 福田繁雄 / 1984

图3-5 音乐·鹿的卜音记号 / 福田繁雄 / 1995

图3-6 博物馆主题招贴 / 福田繁雄 / 1995

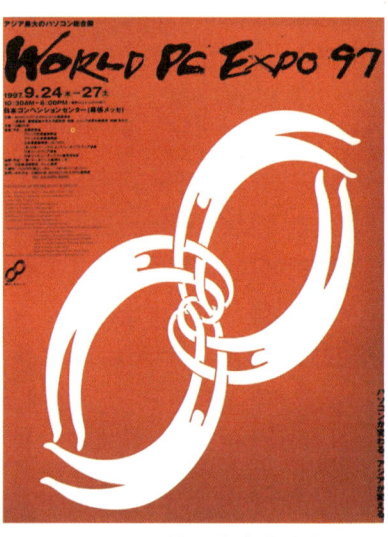
图3-7 世界PC博览会宣传海报 / 福田繁雄 / 1997

图3-8 世界平面海报设计大会宣传海报 / 福田繁雄 / 2003

在1984年创作的UCC咖啡馆宣传海报（图3-4），拿着咖啡杯正负同构在一起的手，呈放射状重复排列，这种处理方法为"放射状图底反转"，具有较强的视觉冲击力。

图3-5这幅作品是异质同构作品，作品巧妙地运用鹿作为基本形态，在保持基本形主要特征的前提下，对鹿角部进行元素的置换，构思巧妙，表现手法诙谐。

图3-6利用纸张的二维特性，将长毛象象牙的形象立体地穿插起来，使该作品具有了三维的空间效果。

图3-7利用人与人同构在一起，形成了一个相交的环形，图形简洁，寓意深刻。

图3-8利用重复的手法进行图形的相联，具有一种理性的秩序感和连续性。

图3-9、图3-10将人的剪影通过卷曲的纸同构在一起，使整个画面产生互生互存的视觉效果。

图3-11、图3-12将人与鞋在不同的空间呈现的形象处理在同一画面中，利用重复的黑色剪影，使画面产生强烈的空间延展感。

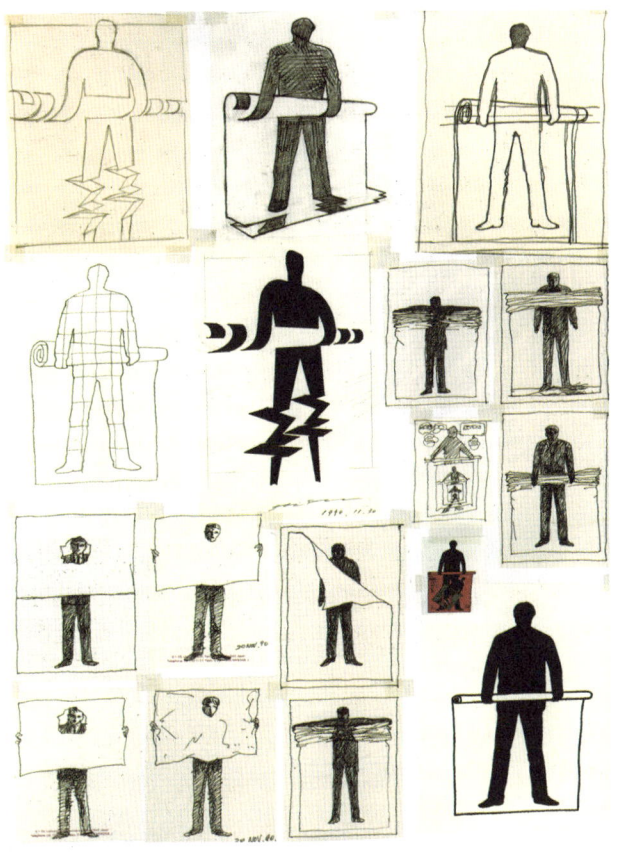

图3-9 第一届纸艺大奖参展作品1 手稿 / 福田繁雄 / 日本 / 1991

图3-10 第一届纸艺大奖参展作品2（握纸男士之连续）/ 福田繁雄 / 日本 / 1991

图3-11 国际插画双年展参展作品手稿 / 福田繁雄 / 日本 / 1986

图3-12 国际插画双年展参展作品 / 福田繁雄 / 日本 / 1986

（2）摩里茨·科奈里斯·埃舍尔

摩里茨·科奈里斯·埃舍尔（Maurits Cornelis Escher，1898—1972）是荷兰图形艺术家，主要从事于版画艺术。他的许多作品都源于悖论、幻觉和双重意义，他努力追求图景的完备而不顾及它们的不一致，或者说让那些不可能同时在场者同时在场。他像一名施展魔法的魔术师，利用几乎没有人能摆脱的逻辑和高超的画技，将一个极具魅力的"不可能的世界"以平面图形的形式立体地呈现在人们面前。

埃舍尔的作品具有形象化的数学原则和思想，其代表作品大多表现矛盾空间，作品的设计通常是利用视点的转换和交替，在二维的平面上表现三维的立体形态，但在三维立体的形体中显现出模棱两可的视觉效果，造成空间的混乱，形成介于二维和三维之间的空间效果。

图3-13，埃舍尔利用人类注意力的转变对视觉效果的影响，创造了一个在现实中不可能存在的空间效果：同一段阶梯，从上往下（俯视）看，它是台阶，从下往上（仰视）看，它却是屋顶。

图3-14《昼与夜》是埃舍尔最著名的作品之一，画面表现的是对称的田野、小镇、河流、飞鸟等自然景色。通过黑、白、灰色块组合并过渡画面。作品构思巧妙，寓意深刻，艺术家通过丰富的想象力和敏锐的洞察力创造和提炼出超越现实的图像。

图3-15将不同物形，通过渐变的形式由一种物形过渡到另一种物形，在起始形和终止形之间寻找过渡体，并整体地展现出来，构成新的生动有趣的画面。

图3-13　凸与凹 / 埃舍尔 / 荷兰 / 1958

图3-14　昼与夜 / 埃舍尔 / 荷兰 / 1938

图3-15　水和天 / 埃舍尔 / 荷兰 / 1938

图3-16所描绘的建筑，在画面中央，我们可以看到一个怪异的场景：一架笔直的梯子一端竖在建筑物里面，同时另一端又斜靠在整个建筑的墙外，让观者在视觉和逻辑上产生了强烈的趣味感和矛盾性。

图3-17探索了空间逻辑的性质。在某种程度上，埃舍尔把空间由二维变成了三维，使人感觉画面中那个年轻人既在画面内，又像在画面外。

图3-18是借用二维的视觉空间创造出三维视觉空间效果的图形，整个画面形成循环不息、生动有趣的形变。

图3-19整个画面以楼梯作为基点，根据其与邻近物体的相互关系，我们可以逐步看到多个不同逻辑和视觉效果的小画面，且多个小画面联合成一个整体，展现出一种暧昧空间的效果。

图3-17　画廊/埃舍尔/荷兰/1958

图3-18　蜥蜴/埃舍尔/荷兰/1955

图3-16　观景楼/埃舍尔/荷兰/1958

图3-19　相对性/埃舍尔/荷兰/1958

(3)冈特·兰堡

冈特·兰堡（Gunter Ram bow）1938年出生于德国麦克兰堡地区的小镇诺伊斯特里茨。1958—1963年在卡塞尔造型艺术学院学习绘画和实用美术。1964—1973年在斯图加特和法兰克福创办个人设计事务所。冈特·兰堡被称为"德国视觉诗人"，并与日本的福田繁雄、美国的西摩·切瓦斯特并称为当代"世界三大平面设计师"。

在多年的职业生涯中，兰堡设计了几千幅招贴。他的作品多次在国际艺术大展和双年展上获奖，并被多国博物馆、大学以及文化机构收藏。兰堡力图通过设计表现个人的艺术思想、意识观念和形态立场，在基于视觉传达功能的基础之上，把设计当成诗歌那样创作，作品具有高度的个性化、自由度。他尤其强调自我意识、对生活的领悟等因素对创作的影响，在作品的视觉效果上追求视觉冲击力，强调平面效果的突破。

图3-20将色彩的对比和空间的叠加相结合，使原本板正的平面产生了具有膨胀感的视觉张力，呈现出诗一般的层次感和韵律感。

图3-21用各式散落的三角形作为画面的辅助图形，使画面在一维和三维中转换，类似诗歌中的平仄跳转，用密集的形式凸显具有倾向性的张力，不同的密集带来不同的视觉享受，紧凑与跌宕不平，使平面的张力得到体现。

图3-20　L'etoile / 冈特·兰堡 / 德国 / 2012

图3-21　Die Fledermaus / 冈特·兰堡 / 德国 / 2013

图3-22中的楼体从中间断裂并被处理成放射状，将观众的吸引力第一时间集中在画面的中心，具有强烈的视觉冲击力。

图3-23简单的线通过转折和规律地重复排列，整个画面就具有了三维空间效果，用简洁的视觉形象表达深刻的内涵。

图3-24通过寻常的迷宫形态表达了古希腊神话传说的深远含义，能让观众通过隐喻的物体联想到实际事物。

图3-25至图3-28这几幅作品，不仅追求平面之外的视觉效果，还通过元素特征的转换，使画面具有了更强的张力。

图3-29利用排列的蜡烛与靴子同构成圣诞树的造型，画面趣味性强，同构手法运用巧妙，构成效果非常和谐。

图3-30利用异影的形式，将两个椅子同构在一个画面中，白色、红色与黑色的背景具有强烈的对比效果。

图3-22 乌托邦炸药 / 冈特·兰堡 / 德国 / 1976

图3-23 《女主席》戏剧主题招贴 / 冈特·兰堡 / 德国 / 1998

图3-24 《俄耳甫斯和欧律狄克》戏剧主题招贴 / 冈特·兰堡 / 德国 / 1998

图3-25 费舍尔出版社百年纪念主题招贴1 / 冈特·兰堡 / 德国 / 1986

图3-26 费舍尔出版社百年纪念主题招贴2 / 冈特·兰堡 / 德国 / 1986

图3-27 Fidelio / 冈特·兰堡 / 德国 / 1986

图3-28 费舍尔出版社主题招贴3 / 冈特·兰堡 / 德国 / 1979

图3-29 《去年圣诞》戏剧主题招贴 / 冈特·兰堡 / 德国 / 1998

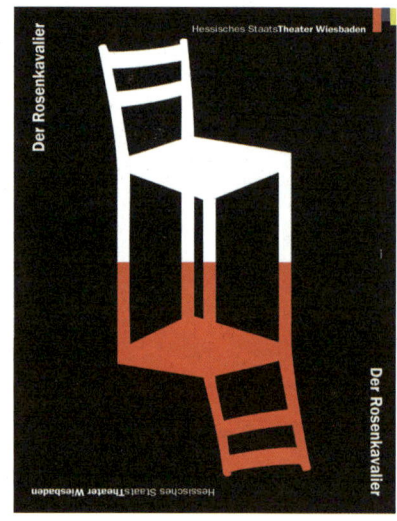

图3-30 《玫瑰骑士》戏剧主题招贴 / 冈特·兰堡 / 德国 / 1999

（4）草间弥生

草间弥生1929年出生于日本，曾就读于京都美术工艺学校。其艺术作品可归类到多种艺术派别，包含了女权主义、超现实主义、原生艺术、波普艺术和抽象表现主义等。草间弥生被称为艺术界的"波点太后""圆点女王"，几何形态中方形与圆形是应用在其作品中最经典的表现形式，因其符号化的重复和纯色相的表现，创造出一系列具有强烈视觉冲击力的艺术品。1990年后，她开展了艺术和商业的融合，与时装设计界合作，推出了带有浓厚草间风格的服饰类产品，并为相关品牌设计了一款极具她个人风格的化妆包，黑色的包身上点缀满了金色的圆点。日本的各种艺术展览馆里都有草间弥生品牌的文创产品专柜，其中包括绘画、书籍、饰品、文具、陶艺、布艺、玩偶等衍生品，深受消费者的喜爱。（图3-31至图3-47）

图3-31　草间弥生文创产品1／日本／徐欣　摄／2019

图3-32　草间弥生文创产品2／日本／徐欣　摄／2019

图3-33　草间弥生文创产品3／日本／徐欣　摄／2019

图3-34　"小次郎"文创产品1／草间弥生／日本／2013

图3-35　"小次郎"文创产品2／日本／徐欣　摄／2019

图3-36　文创产品 / 草间弥生 / 日本 / 2012

图3-37　梦幻组合 / 草间弥生 / 日本 / 2012

图3-38　波点女王 / 草间弥生 / 日本 / 2012

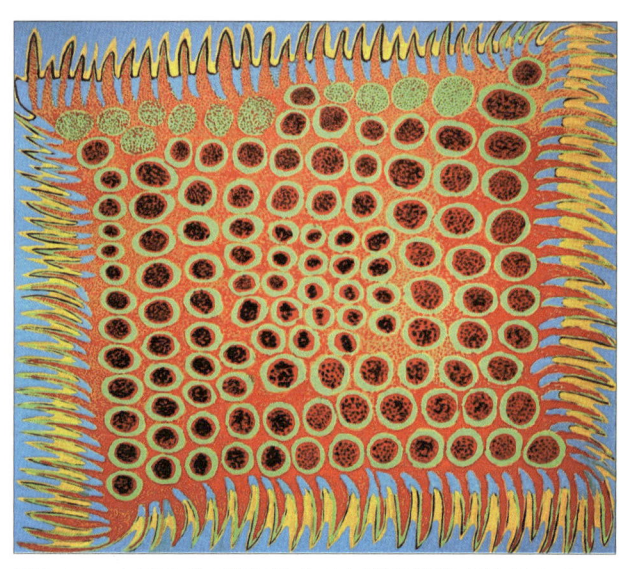
图3-39　上帝之地 / 草间弥生 / 上海当代艺术馆 / 2012

图3-40　郁金香 / 草间弥生 / 日本 / 2013

图3-41　南瓜 / 草间弥生 / 日本 / 2013

图3-42　再生时刻 / 草间弥生 / 日本 / 2012

图3-43　红色南瓜 / 草间弥生 / 日本 / 2012

图3-44　青春的时光 / 草间弥生 / 日本 / 2007

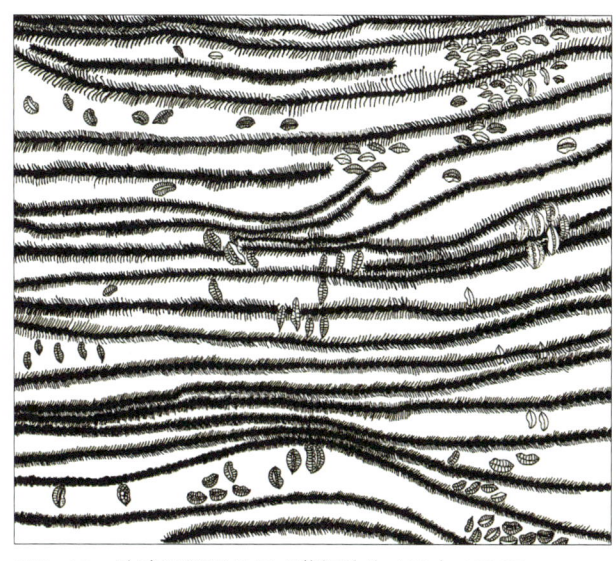

图3-45　波浪里漂浮的唇 / 草间弥生 / 日本 / 2005

图3-46　生老病死 / 草间弥生 / 日本 / 2007

图3-47　关于我的爱 / 草间弥生 / 日本 / 2009

图3-48　米兰设计周中国青年设计师作品展主题招贴 / 刘鹏 / 2013

2. 现代平面设计作品赏析

图3-48运用了重复的平面语言，主体突出，其中线的穿插增强了画面的均衡感。

图3-49炫酷的色彩、抽象的几何造型，用分割和透视的表现手法使画面极具冲击力和时代感。

图3-50立体的字母、空间个性化的组合与表现手法，给观者强烈的视觉冲击。

图3-51运用线的排列组合形成新的文字图形，线的虚实突出了空间感，黑与白的组合对比强烈，极具现代感。

图3-52运用点和线的排列组合突出主题，给人律动感，黑与白的组合体现主题的理性色彩。

图3-53色彩鲜艳明快，与背景对比强烈。构图疏密结合，主体突出。抽象的图形与字体进行有机组合，给人生动的视觉效果。

图3-54把文字排列组合成新的立体图形，虚实结合，突出了空间感，即通过密集基本形与空间、虚实等产生的对比来进行构成。

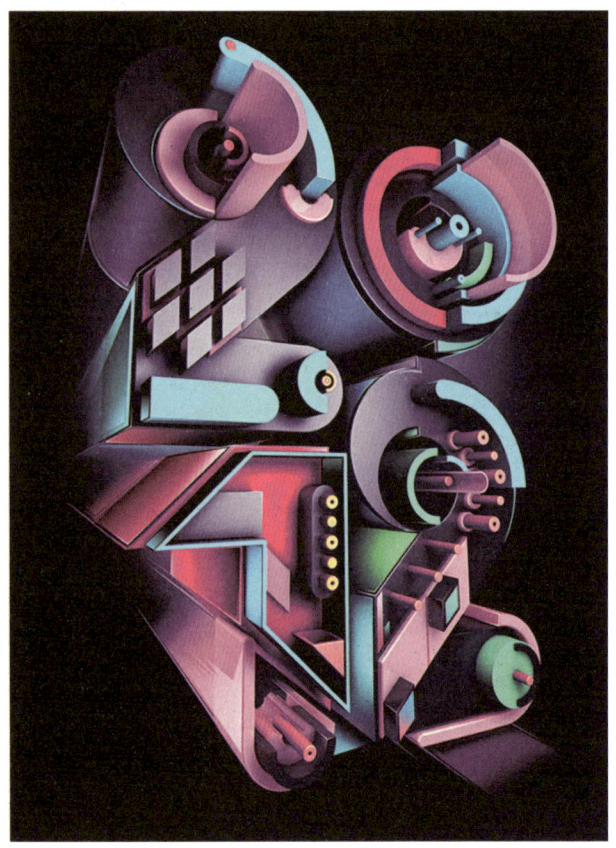

图3-49　字体设计 / Francqois / 加拿大 / 2010

图3-50　协会议程 / Folkert / 2010

图3-51　没有谎言只有爱 / Jordan Metcalf / 2012

图3-52　改天 / Andrew / 2010

图3-53　压缩创意 / Stefan Chinof / 保加利亚 / 2008

图3-54　增加知识 / Stefan Chinof / 保加利亚 / 1997

图3-55 几何感空间 / Esther Stocker / 意大利 / 2011年

图3-55装置艺术家Esther Stocker在浅色的空间，利用线在特定的位置，组合出立体的视觉效果，整体呈现出线与面微妙地融为一个整体的感觉。这些作品线条清晰、几何感较强，因理性的组合而显现出体感，又因形式的单纯而具备了一定的丰富性。

图3-56杭州2022年亚运会会徽由19条正负形线条组成扇面，蕴含钱塘江、钱江潮头、赛道、互联网符号及象征亚洲奥林匹克理事会的太阳图形六个元素。在设计表现上强调了线条、水流的运动性，充分展现了视觉冲击力的强烈美感。图3-57杭州2022年亚运会、亚残运会二级标志设计，包括可持续、公众参与、测试赛、智能、火炬传递、文化活动、志愿者共七个标志，诠释着不同亚运活动的主题。运用点线面的造型元素进行了由抽象到具象图形渐变的构成表现。

图3-56 杭州2022年第19届亚运会会徽 / 中国美术学院 / 袁由敏教授 / 2022

图3-57 杭州2022年第19届亚运会、亚残运会二级标志 / 中国美术学院设计团队 / 2022

图3-58将数字通过立体的变形形成较强的视觉冲击力，借用透视的表现手法，增强了设计的艺术性。

图3-59将麻绳与鸽子的形态结合，运用近似的构成形式，把两个基本型巧妙融合，惟妙惟肖。

图3-60用重叠、透视的方法，以几个圆锥体组成新的立体空间，错落有致，使整个画面产生了微妙的动态视觉感受。

图3-61设计手法是以点、线的构成形式，将水的造型与运动项目相融合，人与自然交织，体现了律动的美感。

图3-62两只相握的手构成了一支接力棒，设计是以简洁明快的红白两色的正负形构成形式，表现了团结协作的运动精神。

图3-63以点和线为主要元素，运用了重复的平面语言，排列的变化以及色彩虚实的运用使整体构图更鲜活，张弛有度。

图3-64在字体原有骨架上进行空间立体的密集与扩散，获得张力凸显的效果，基本型之间相互重叠，加强了构成中的空间感。

图3-65蝴蝶破茧却从蛋壳而出，突破了规范的常态和单调的构成形式，用特异的构成方法，给视觉形象世界带来了新的力量和生机。

图3-66运用打散重构将中英文巧妙地结合在一起，颜色的搭配给作品带来了一种较强的视觉冲击。

图3-67构图均衡，用面化的线与有质感的渐变色形成的字体打破了沉闷的背景色，突出了画面的主体。

图3-68运用了大胆的颜色搭配，主体视觉效果突出，图形的虚实变化加强了语意的表达。

图3-69字体排列有序，虽然运用了特异构成的方法，但个体彩色的运用使整体感鲜活而不凌乱。

图3-58　字体设计 / Marta Cerda Alimbau / 西班牙 / 2012年

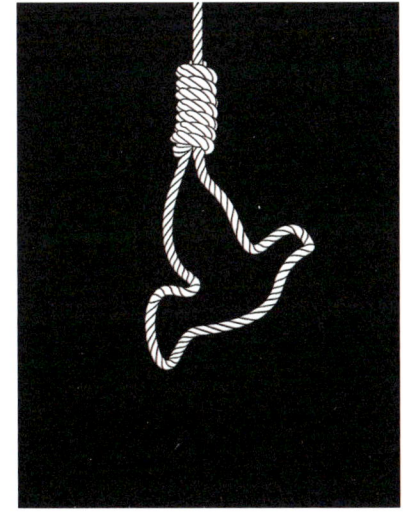

图3-59　米兰设计周主题招贴1 / 孙大旺 / 中国 / 2013

图3-60　容积 / Thomas Ciszewski / 法国 / 2012年

图3-62 杭州2022年第19届亚运会海报——接力棒 / 王儒嫣 / 2022

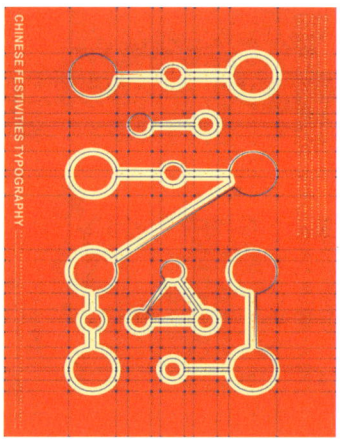

图3-61 杭州2022年第19届亚运会海报——欢聚杭州·共襄盛事 / 喻璐璐 / 2022

图3-63 米兰设计周主题招贴2 / 陈正达 / 2013

图3-64 主题招贴1 / Peter Tarka / 波兰 / 2012年

图3-65 破茧 / 郭豪 / 中国 / 2012

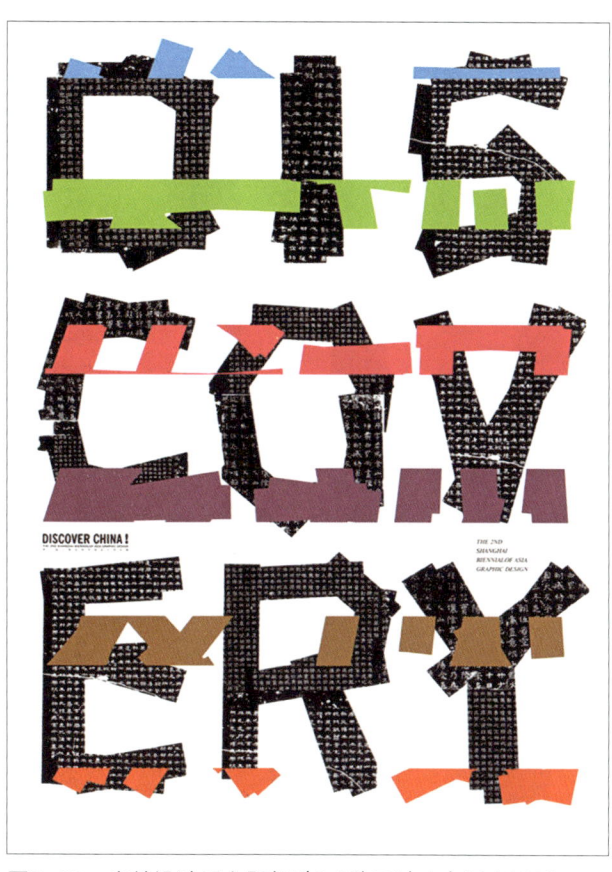

图3-66　米兰设计周主题招贴3 / 陈正达 / 中国 / 2013

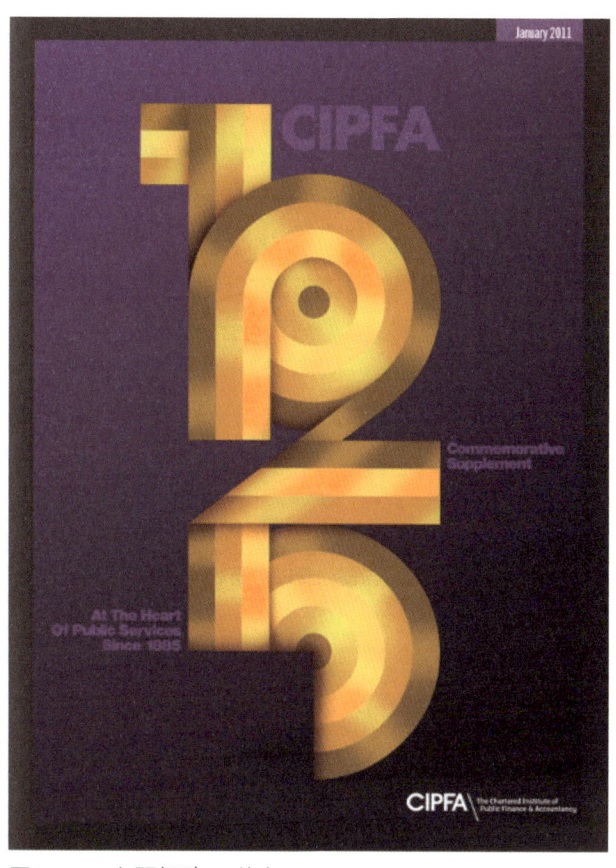

图3-67　主题招贴2 / 佚名 / 2013

图3-68　主题招贴3 / Plenty / 2013

图3-69　主题招贴4 / Stefan Lucut / 罗马尼亚 / 2010

第二节　师生优秀作品

图3-70中摄影图片和红色的背景具有强烈的视觉反差，表达科技引领未来的主题。

图3-71通过对文字结构的巧妙处理，使二维平面在红色图形的衬托下，呈现一定的空间感。

图3-72中的图形和文字以线条的形式呈现，撕开的纸张效果使画面富有创意。

图3-73、图3-74通过实物的具象形态和点线面等抽象形态的使用，使人产生联想，引人共鸣。

图3-75用有限的笔墨表现无限的空间感，画面富有美学意味，正负形的应用诠释了人与自然的和谐。

图3-76具有线、面特征的文字使中国元素的特征更加鲜明，红色的背景使画面更具有民族风。

图3-71　巴斯克维尔／崔雄志／吉林艺术学院／2017

图3-70　科技·列车主题招贴／李猛／北华大学美术学院／2018

图3-72　创意市集主题招贴／胡杨／吉林动画学院／2016

图3-73 环保主题招贴1 / 刘艳玲 / 吉林动画学院 / 2021

图3-74 环保主题招贴2 / 赵越 / 吉林动画学院 / 2021

图3-75 有空间,就有梦想 / 王婉 / 吉林艺术学院 / 2011

图3-76 "盛世中国"主题招贴 / 吴轶博 / 吉林艺术学院 / 2011

第二节 师生优秀作品

图3-77 定格 / 尹星雲 / 吉林艺术学院 / 2021

图3-77对建筑和文字进行立体效果的展示，文字和背景在光影效果的衬托之下，画面的空间感更加凸显。

图3-78通过图形的置换与创意，表达保护海洋及生态环境的重要性。画面四周的肌理效果，使画面更具视觉表现力。

图3-79至图3-81使用建模软件，将主视觉元素进行立体化的表现，文字和图形的疏密、大小变化也让画面产生一定的空间感。

图3-82、图3-83巧妙地结合矢量软件，将文字以渐变的线条形式呈现出来，能够增强文字的视觉效果，使画面富于视觉上的变化。

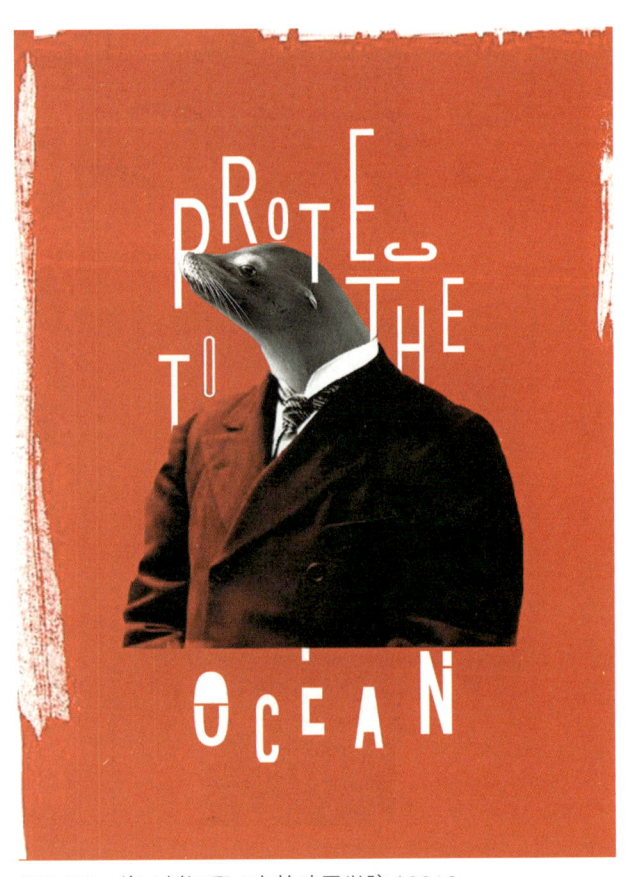

图3-78 海 / 刘汉卿 / 吉林动画学院 / 2018

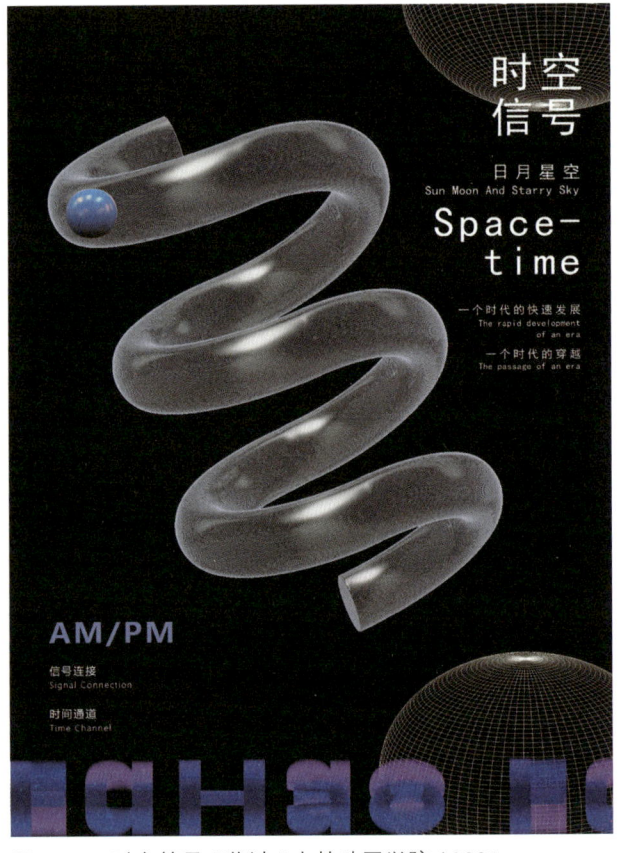

图3-79 时空符号 / 薛斌 / 吉林动画学院 / 2021

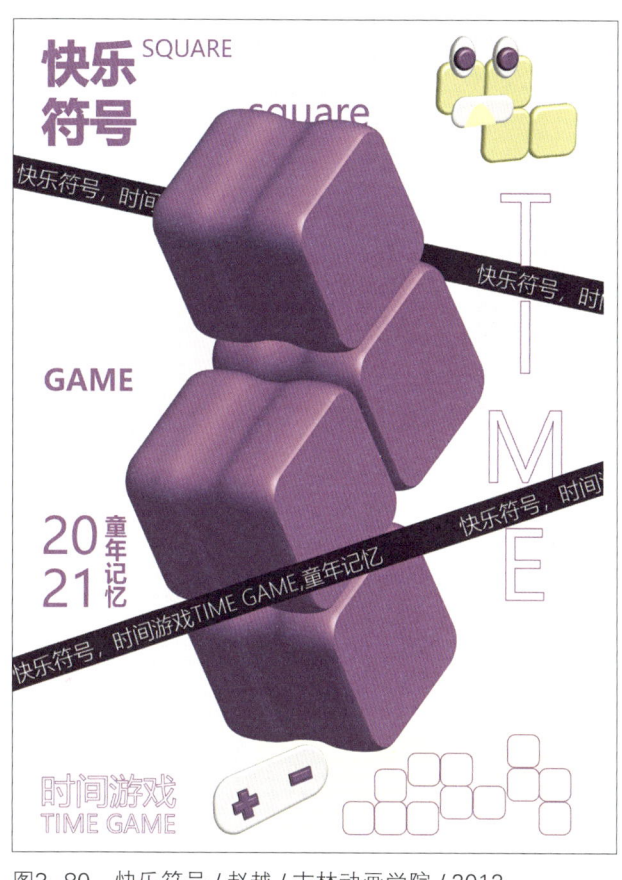

图3-80　快乐符号／赵越／吉林动画学院／2012

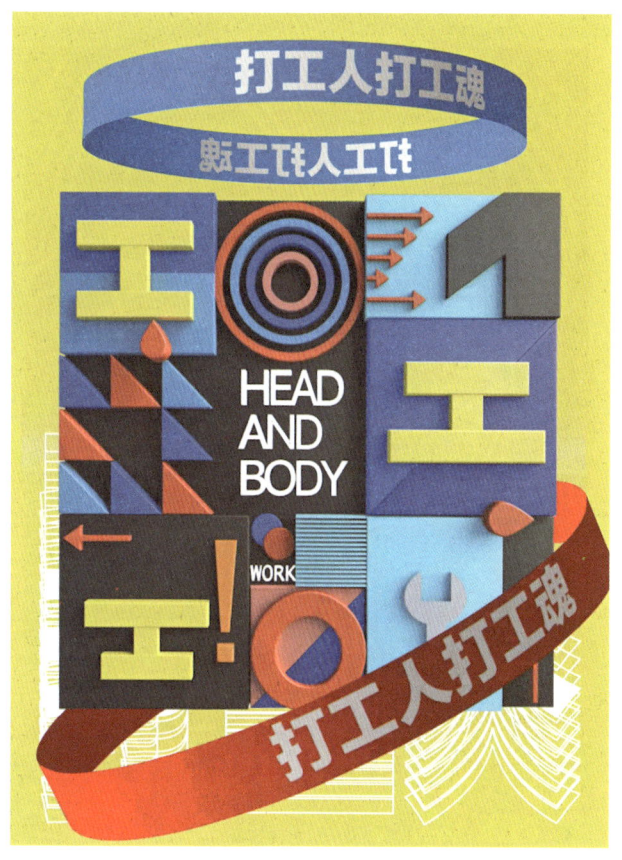

图3-81　打工人／王少烨／吉林动画学院／2021

图3-82　不忘初心　牢记使命／梅婷婷／吉林动画学院／2021

图3-83　悦动Design／梅婷婷／吉林动画学院／2020

图3-84以具有荧光效果的线条为主，色彩的艳灰对比更加凸显线条的视觉效果。

图3-85运用点线面、密集、重叠、空间等表现方式，使画面产生整齐、和谐、节奏之感。

图3-86以齿轮和圆形的明度渐变，结合文字和虚线的使用，表现科技和创新的主题。

图3-87至图3-90是以保护海洋生态为主题的招贴设计，画面中采用海洋中的生物为视觉要素，通过点线面的粗细、大小、疏密及色彩的对比变化，呈现出丰富的视觉效果。

图3-84　名画鱼像 / 王昳婷 / 吉林动画学院 / 2020

图3-85　南无 / 陈永利 / 吉林动画学院 / 2013

图3-86　创新主题招贴 / 姚迪 / 吉林艺术学院 / 2017

图3-87 海洋生态保护主题招贴1 / 任佳慧 / 吉林动画学院 / 2019

图3-88 海洋生态保护主题招贴2 / 李广宇 / 吉林动画学院 / 2018

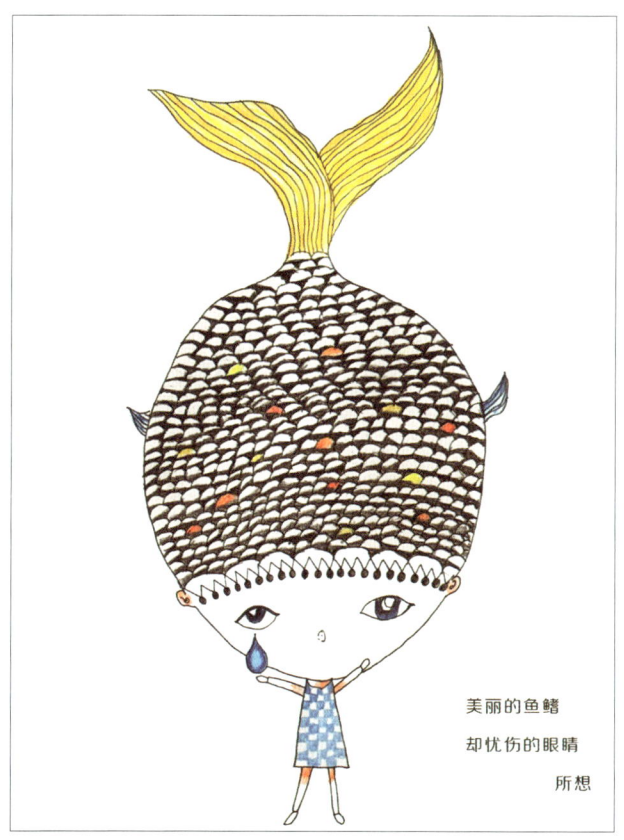

图3-89 海洋生态保护主题招贴3 / 赵佳琪 / 吉林工程技术师范学院 / 2018

图3-90 海洋生态保护主题招贴4 / 陈绪章 / 吉林动画学院 / 2018

第二节 师生优秀作品

图3-91、图3-92是以荷花、菩提果及字体为主要视觉元素的招贴设计，通过文字、线条、图形的虚实变化及大小对比，形成以"大美江南"为主题的设计作品。

图3-93是具有科技感的作品，通过强烈的色彩对比，将人的面部表情用线条的形式呈现块面的对比，凸显"科技让人们生活更加丰富多彩"的主题。

图3-94是以节约粮食为主题的公益招贴，通过形态各异的人的密集形式，呈现具有强烈黑白对比效果的画面，从而强调珍惜粮食的必要性和重要性。

图3-95至图3-103是以冰雪运动为主题的招贴设计作品。设计者结合冰雪的特点，提炼符合冰雪形态的点线面元素，同时融入运动员、冰雪运动用具及运动场所等具象元素，通过对比、夸张、重复等表现手法，形成具有视觉冲击力的作品，表现人们对冰雪运动的无限热情。

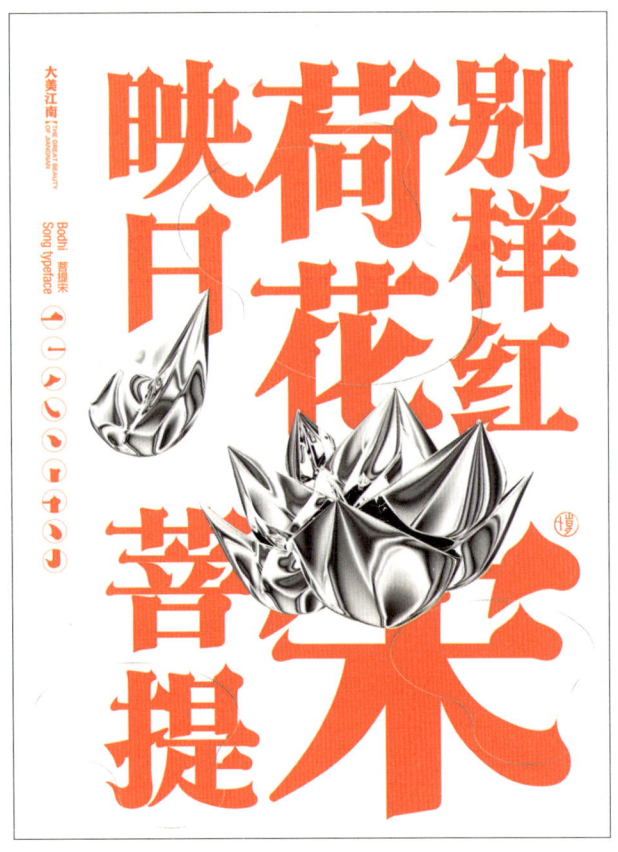

图3-91 "大美江南"主题招贴1／吴轶博／吉林艺术学院／2021

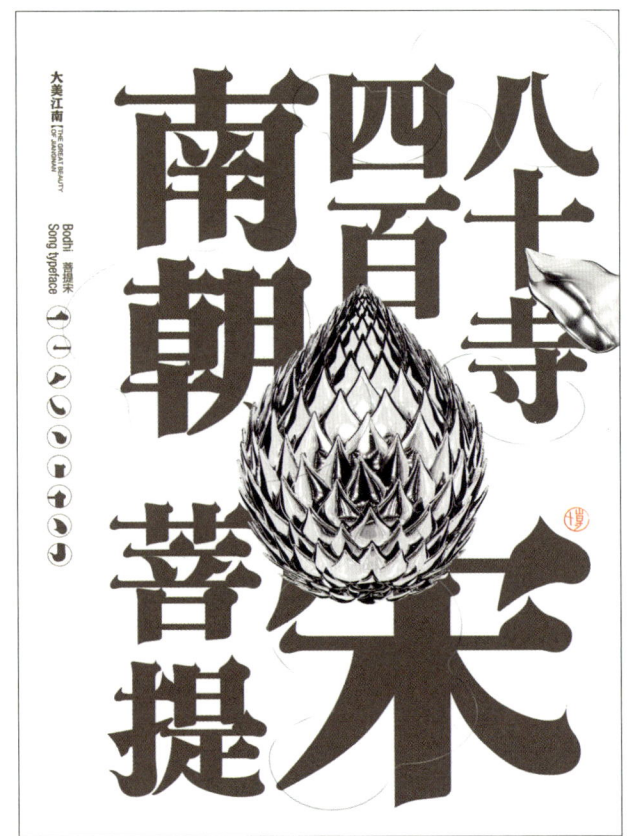

图3-92 "大美江南"主题招贴2／吴轶博／吉林艺术学院／2021

图3-93 创新主题平面设计 / 刘瑞雪 / 吉林艺术学院 / 2021

图3-94 节约粮食主题招贴 / 吴双彤 / 吉林艺术学院 / 2019

图3-95 雪扬 / 陈雨昕 / 吉林艺术学院 / 2019

图3-96　冰雪魅力 / 侯玥 / 中国传媒大学 / 2007

图3-97　雪意 / 赵越 / 吉林动画学院 / 2021

图3-98　品冰雪　览吉林 / 金芳竹　倪施佳 / 吉林动画学院 / 2021

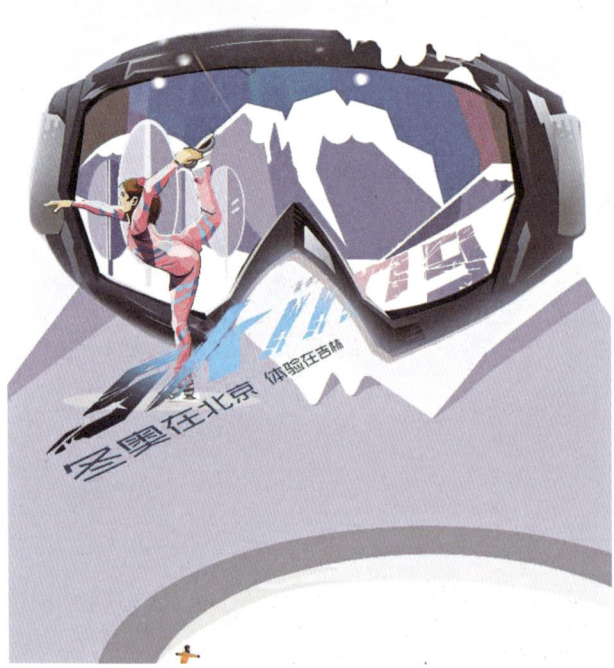

图3-99　极限运动 冰雪吉林 / 李渝皖 / 吉林艺术学院 / 2021

图3-100 吉林有约 全民做冬 / 孙鸿飞 / 吉林艺术学院 / 2020

图3-101 创想冬季 极致冰雪 / 张子轩 / 吉林艺术学院 / 2020

图3-102 冬 / 李梓彤 / 长春建筑学院 / 2021

图3-103 冰雪吉林 / 张宇 / 吉林师范大学博达学院 / 2021

图3-104、图3-105以摄影图片为视觉元素的主体,图形、文字、色块的综合使用使画面具有一定的空间感。

图3-106把文字的偏旁部首纳入前面的重复转折中,体现出具有空间感的视觉效果。

图3-107以字母和图形为视觉元素,呈现出别具一格的立体感。

图3-104　喧嚣的孤独 / 薛峰 / 淞岚间设计 / 2021

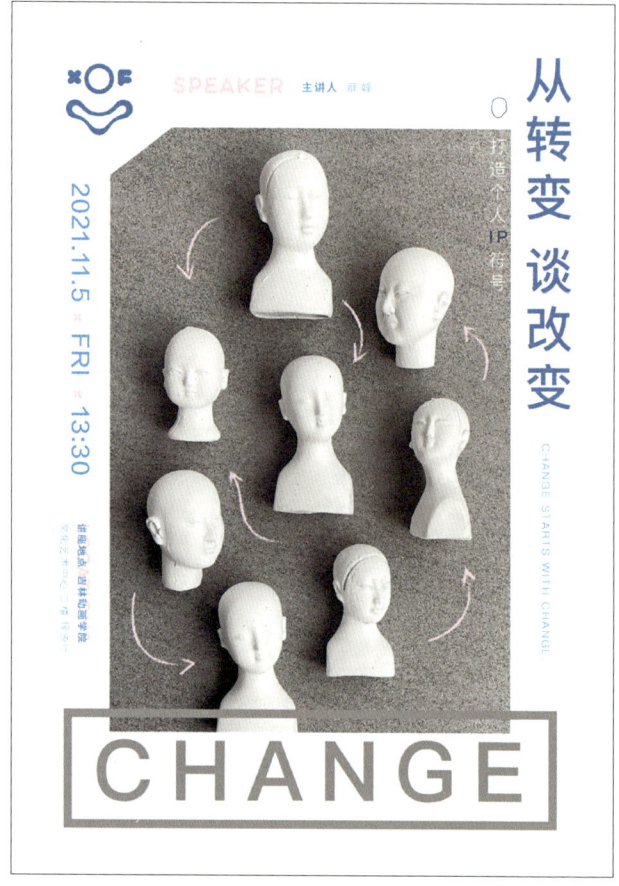

图3-105　从转变谈改变 / 薛峰 / 淞岚间设计 / 2021

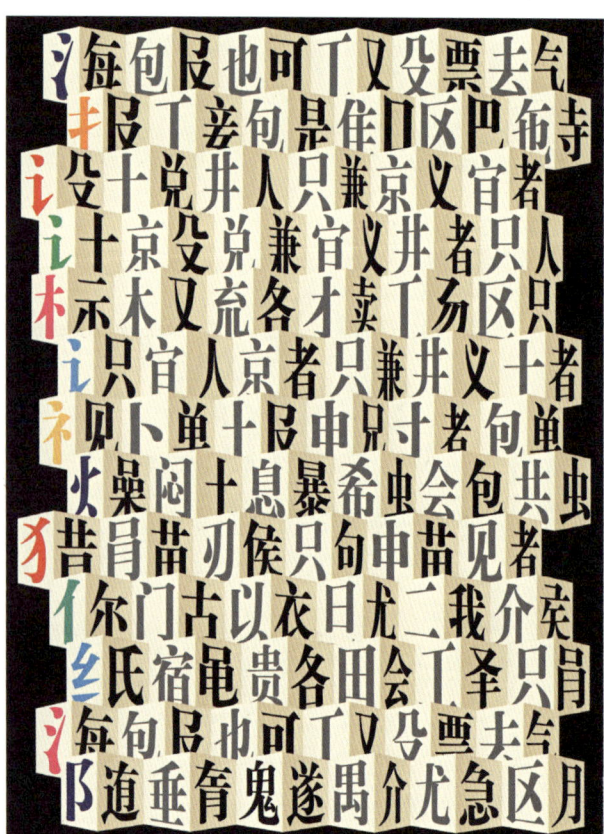

图3-106　汉字组合 / 薛峰 / 淞岚间设计 / 2005

图3-107　品牌设计与管理 / 薛峰 / 淞岚间设计 / 2021

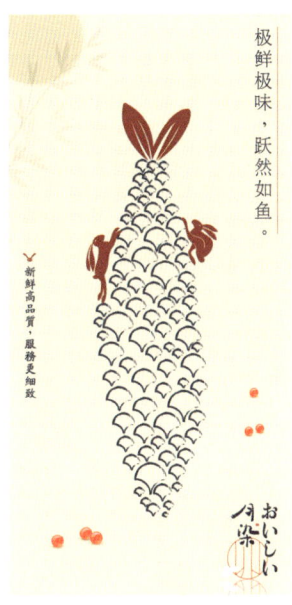
图3-108 月染精艺料理 / 薛峰 / 淞岚间设计 / 2021

图3-109 一念间 / 薛峰 / 淞岚间设计 / 2021

图3-110 美食美器 / 薛峰 / 淞岚间设计 / 2021

图3-111 美妆品牌 / 薛峰 / 淞岚间设计 / 2022

图3-112 ZS品牌创意招贴1 / 薛峰 / 淞岚间设计 / 2022

图3-113 ZS品牌创意招贴2 / 薛峰 / 淞岚间设计 / 2022

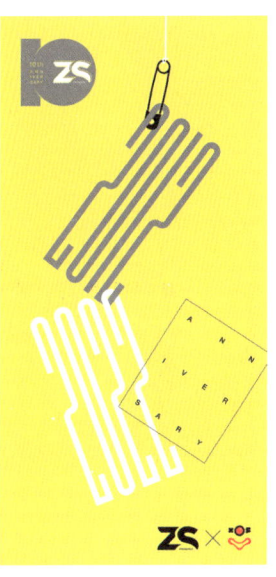
图3-114 ZS品牌创意招贴3 / 薛峰 / 淞岚间设计 / 2022

图3-108是月染精艺料理的品牌招贴，巧妙地将鱼及兔子融合到一起，具有较强的视觉创意。图3-109主要运用点线面元素，通过具象和抽象图形的虚实对比，将品牌理念有效地传递给消费者。图3-110中实物形状与图形相呼应，大中小文字的处理也呈现出点线面的视觉对比。图3-111的图形运用正负形的概念，将文字以密集的效果排列在图形周围，形成一件具有视觉创意的美妆品牌概念招贴。图3-112至图3-114是ZS品牌创意招贴，以黄色为主色调，凸显时尚、年轻的特点；2012、2022以线条的形式呈现，8折的"8"和ZS中的"S"巧妙地由两个圆构成，既灵动又富有现代感，符合品牌的调性。

图3-115　虎虎生威 / 刘楠 / 吉林动画学院 / 2018

图3-115至图3-130是通过对具象形态的提炼与重构，结合点线面元素，使用对比、重复、空间等表现手法构成的丝巾图案设计。

图3-116　美丽校园1 / 赵云川 / 吉林动画学院 / 2020

图3-117　长春印象 / 王宇航 / 吉林动画学院 / 2018

图3-118　美丽校园2 / 何宇婷 / 吉林动画学院 / 2021

图3-119　狼 / 张丛加 / 吉林动画学院 / 2018

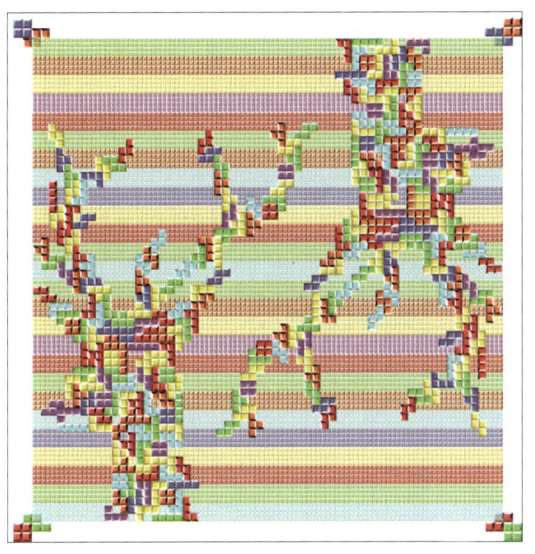

图3-120　俄罗斯方块麋鹿 / 谭望东 / 吉林动画学院 / 2018

图3-121　万花筒的奇妙物语 / 陈苗 / 吉林动画学院 / 2018

图3-122　鱼悦 / 张书宁 / 吉林动画学院 / 2018

图3-123　四季变换 / 王艺澎 / 吉林动画学院 / 2018

图3-124　牛仔熊 / 王丹霞 / 吉林动画学院 / 2018

图3-125　耿直 / 陶思航 / 吉林动画学院 / 2018

图3-126　追光豹 / 张亚男 / 吉林动画学院 / 2018

图3-127　蜥蜴 / 陈俊麟 / 吉林动画学院 / 2012

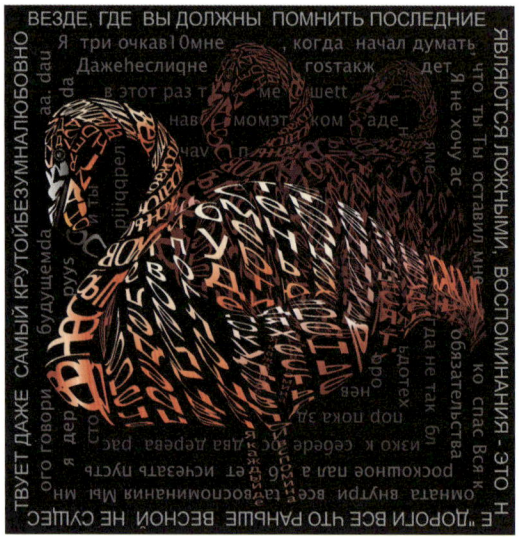

图3-128　火烈鸟1 / 刘波 / 吉林动画学院 / 2018

图3-129　律动青春 / 陈彬彬 / 吉林动画学院 / 2020

图3-130　火烈鸟2 / 刘波 / 吉林动画学院 / 2018

图3-131至图3-142的标志作品中，有的利用重复、发射的手法，有的利用图形的前后排列、矛盾空间等手法，使标志具有三维感，更具视觉张力。在标志设计过程中，使用象征、寓意等手法以及重复、变异、对比、近似等构成形式表现，能使标志具有较强的识别性与视觉冲击力。